헤
어
질 결
심 각
본

헤어질 결심 각본

발행일
2022년 8월 5일 초판 1쇄
2024년 9월 10일 초판 21쇄

지은이 정서경·박찬욱
펴낸이 정무영, 정상준
펴낸곳 (주)을유문화사

창립일 1945년 12월 1일
주소 서울시 마포구 서교동 469-48
전화 02-733-8153
팩스 02-732-9154
홈페이지 www.eulyoo.co.kr

ISBN 978-89-324-7475-5 03680

헤어질 결심 각본

정서경 박찬욱

검은 화면에 '山'과 '산'이 동시에 필기체로 적힌다.

1. 비금봉 아래 - 구소산 (새벽)

일출 직전의 파르스름한 대기와 옅은 안개. 헤드랜턴을 두른 사람들이 잡목 숲을 헤치고 돌아다니는 통에 빛줄기들이 어지러이 춤춘다. 산악 구조대원이 암벽에 늘어진 자일을 가리키자 형사들 — 부산경찰청 서부경찰서 형사과 강력2팀장 장해준 경감(40대 초)과 그의 팀원 오수완 경사(30대 초), 유미지 경장(20대 말) — 머리가 일제히 그 방향으로 돌아간다.

산악구조대원

저 자일을 타고 오른 다음에 정상에서 떨어지셨다고 봐야죠.

막 부딪혀 가면서.

(바위와 나무 등에 무언가가 부딪친 흔적들을 손전등으로 턱턱 가리키며)

쩌~기, 저기, 조~기, 요기.

"요기" 할 때, 두껍게 깔린 낙엽층 위에 누운 변사자 기도수 얼굴에 손전등 빛이 도착. 선명한 주황색 등산복 차림, 부패가 진행 중. 해준, 스마트폰으로 플래시 터뜨리면서 사진 찍는다. 폴리스 라인 안의 활동복들 사이에서 그의 양복/넥타이 차림은 이질적이다, 비록 구두 대신 운동화를 신었지만. 고급 블루투스 이어폰이 꽂힌 고인의 귀에 대고 찰칵. 손가락 관절마다 옹이처럼 단단하게 불룩하고 손톱이 다 깨진 손도 찍는다. 손목의 롤렉스 시계도 찰칵. 유리 뚜껑은 깨졌고 작동도 멈췄다, 월요일 10시 2분에. 해준, 망자의 시선 방향을 따라 다시 산을 올려다보며 혼잣말처럼 —

해준

올라가봐얄 텐데…….

수완

(기대에 차 눈이 반짝반짝)

인제 헬리콥터가 오나요?

2. 비금봉 암벽 (낮)

산악구조대가 내려준 전동 등강기를 타고 한 덩어리가 되어 절벽을 오르는 해준과
수완. 반도 못 왔는데 해가 다 떴다. 안개도 사라졌다. 벌써 까마득히 멀어진 지면
과 햇빛을 받아 빛나는 거대 도시가 선명하다. 바람에 머리칼이 엉망. 말소리도 자
꾸 흩어지니 크게 외치는 수밖에.

수완

열대야에 밤샘 잠복하는 게 싫어요, 이게 싫어요?

해준

이거.

수완

세끼 연속 삼각김밥이랑 이거는요?

해준

삼김.

수완

쉬운 코스도 있다는데 왜 굳이 일루 올라가요?

해준

죽은 사람이 간 길이고 우린 경찰이니까?

수완

그럼 내려올 땐 떨어져요, 세 번 부딪히면서?

그 말 하면서 무심결에 아래를 본 수완, 숨이 가빠지며 헉헉대기 시작. 아예 얼어붙었다.

수완

저 고소공포증 있는 거 같아요, 팀장님. 안개 걷히니까…….
(말을 맺지 못하고 헐떡거리더니)
……형, 저 죽을 거 같아요.

해준

위만 보면서, 아무 말이나 해.

수완

미지는 왜 안 올라가요?

해준

구소산 공원 관리소에 보냈어.

수완

여자라고 맨날 어려운 거 빼 주고……. 역차별 아네요?

해준

그래, 잘하고 있어……. 계속 그렇게 해, 아무 말.

수완

암벽 타 본 적 있으세요?

해준

대학 때 산악회 한 학기.

수완

사람이 왜 이런 데 올라가야 돼요? 법으로 금지해야 되는 거 아니에요?

수완이 시끄럽게 떠들거나 말거나 착실히 고도를 높이는 전동 등강기.

3. 비금봉 정상 (낮)

좁은 정상에 도달하는 해준, 먼저 올라와 있던 산악구조대원이 손을 잡아 당겨준다. 올라오면서도 계속 떠드는 수완.

수완

한 가지 확실한 건, 절대! 자살은 아니다.

해준

왜?

수완

힘들게 여기까지 올라와서 그럴 사람이 있겠어요?

한복판으로 가는 수완, 무서워 쪼그리고 앉는다. 폴짝폴짝 한 바퀴 돌면서 사방을 찰칵찰칵 찍는다. 주머니에서 주황색 3M 일회용 장갑 꺼내 끼는 해준, 고인의 것으로 보이는 배낭부터 살핀다. 귀퉁이에 수놓인 'K.D.S.'를 사진 찍는다. 배낭 주머니에서 지갑 발견, 같은 이니셜이 금박으로. 휴대 전화 케이스에도 이니셜. 버튼 눌러 보지만 방전돼서 안 켜진다. 지갑에서 고인의 신분증 꺼내 들여다보면서 스마트워치를 세 번 탭하더니 입 가까이에 대고 녹음.

해준
예순 살 기도수 씨, 소지품마다 이니셜을 새긴다······. 소유욕.
(땅바닥에 놓인 힙 플라스크를 집어 든다.
역시 금박으로 새겨진 이니셜 확인하고 뚜껑 열어 냄새 맡는다)
위스키를 마신다.
(손바닥에 조금 따라서 혀를 대 본다. 음미한다)
높은 도수, 어쩌면 상남자.

절벽 끝으로 가는 해준, 산꼭대기 강풍에 펄럭이는 옷자락. 엉덩이를 땅에 꽉 붙인 채 괴로워하는 수완.

수완
팀장님, 진짜 왜 그러세요? 가까이 가지 마세요!

해준이 아래를 보면 주황색 작은 점으로 보이는 기도수 사체. 오리걸음으로 다가와 해준 발 옆에 엎드리는 수완, 배를 땅에 붙인 채 머리만 내밀고 아래를 본다. 스마트워치에 대고 말하는 해준.

해준
보고 있었을까?

수완
누가요?
(무슨 말인지 깨닫고 섬뜩해져서 내려다보며)
여기를요?

절벽 끝에 선 해준, 슬쩍만 밀어도 떨어질 것 같다. 머리가 다 엉클어졌다. 주머니에서 인공 눈물을 꺼내 점안한다.

4. 비금봉 아래 (낮)

도수의 메마른 눈동자 표면을 분주히 오가는 개미들. 망자의 시점 − 절벽 끝에 서서 이쪽을 내려다보는 해준과 수완.

5. 시체안치실 − 병원 (낮)

스테인리스 스틸 베드에 누운 시신. 장갑 낀 해준과 수완, 테이블에 늘어놓은 유류품을 하나씩 살핀다.

수완
출입국외국인청에서 공무원 하다가 은퇴했구요
지금은 거기 민간 면접관이래요.

충전 중인 휴대 전화 전원을 켜는 해준, 삼십 대 여성과 함께 찍은 셀피가 액정에 떠오른다. 활짝 웃는 고인과 무뚝뚝한 표정을 한 삼십 대 여성의 대비. 수완 표정이 밝아진다.

수완

따님이 미인이시네.

암호를 요구하는 화면이 뜨자 실망하는 두 형사. 복도에서 발소리가 들리자 수완, 재빨리 머리를 매만지더니 마중 나가듯 앞으로 나선다. 정신없이 들어서는 송서래 (30대 후반). 전화기 화면을 재빨리 보는 해준. 사진 속 그 여자다. 서래, 수완 먼저 보고 해준과 눈이 마주치고 그 다음 흰 천이 덮인 시신을 발견한다.

수완

아버님은 이쪽에…….

서래

기도수 씨 아내 송서래입니다.

한국어가 부족합니다. 중국에서 왔습니다.

딸이 아니라 아내라는 사실과 사무적인 말투에 놀랐다가 이내 사태를 이해하는 수완. 해준이 나서서 흰 천을 걷어 준다. 시신의 눈은 감겨졌다. 일부 부패된 얼굴을 확인한 서래, 다리에 힘이 빠지는지 무너지듯 뒷걸음친다. 수완이 "어어~" 하며 보기만 하는 동안 해준이 민첩하게 간이 의자를 펼쳐 뒤에 놓아 준다. 앉으며 의자의 프레임을 꽉 잡는 서래의 왼손등에 반창고, 그리고 수수한 결혼반지. 제 휴대 전화 꺼내는 해준, 재빨리 그녀 모르게 손을 찍어 둔다. 서래 앞에 앉는 해준.

해준

기도수 씨가 맞습니까?

(서래가 아득한 눈빛으로 시신을 건너다보며 고개를 끄덕이자)

많이 놀라셨겠습니다.

고개 젓는 서래. 해준과 수완이 도리어 놀란다.

서래

산 가서 안 오면 걱정했어요, 마침내 죽을까 봐.

해준

(끄덕이며)

마침내……. 저보다 한국어 잘하시네요.

황망하신 중에 죄송합니다만 혹시 패턴 아십니까?

영문을 몰라 하는 서래에게 고인의 전화기를 내미는 해준. 서래, 안드로이드 잠금 패턴을 슥슥 풀어 준다. 해준, 자기 전화의 문자 도착 알림음을 듣고 주머니에 손 넣는다.

6. 시체안치실 복도/계단 (낮)

바쁘게 답문자하며 걷는 해준. 빠른 걸음으로 뒤따르는 수완.

수완

남편이 죽었는데 안 놀랐대, 참 놀라운 부인이네.

해준

가서, 목격자 없는 변사자는 부검하는 게 매뉴얼이라고 설명해.

(돌아보며)

쉬운 말로 해 드려.

난 질곡동 사건 제보가 와서.

수완

질곡동? 정말요? 야~ 1팀 계실 때부터니까 이게 얼마만이야.

하여튼 끈질기셔.

해준

삼 년밖에 안 됐어.

(몇 걸음 더 걷고는 멈춰 서더니)

우리 마누라도 안 놀랄 거 같은데?

그럴 줄 알았다고, 그래서 경찰이랑 결혼하기 싫었다고…… 이럴 거 같애.

수완

(해준이 말하는 동안 쭉 딴 생각하다가)

그러니까…… '보는 사람 없는 데서 이유 모르게 돌아가신 분은

시체를 열어서 들여다보는 게 매뉴얼…… 음…… 정해진 순서'라고

하면…… 쉬워요?

7. 옥상 – 서래 아파트 (낮)

수첩을 들고 60대 아줌마 둘과 이야기하는 미지.

아줌마1

아, 조선족? 걔네 며칠 전에도 싸웠어.

아줌마2

큰 소리로 싸웠어.

아줌마1

구급차까지 왔던데.

고개를 이쪽저쪽 끄덕여 가며 열심히 받아 적는 미지.

8. '오빠피씨방' (낮)

20대 여자 알바와 대화하는 해준. 알바는 약간 흥분 상태.

해준

작년에 산 선불권을 환불해 달라고……?

알바

그쵸, 그쵸. 원래 안 되는데요.
제가 사장님한테 여쭤 봐야 된다고 해놓고 형사님한테 문자를 한 거예요.

해준

아주 잘하셨습니다.

알바

(자신에게 감탄)

사진 보여 주신 게 한참 전인데 어떻게 그게 딱 기억이 나서…….

해준

기억력 좋으시네……. 다시 온다던가요?

알바

사장님 보통 밤에 나오신다고, 밤에 다시 와 보라고 애긴 했는데…….

그 사람 무슨 죄 지었어요?

(농담으로)

살인은 아니죠?

대답 없이 조용한 해준. 경악하는 알바, 하얗게 질린다.

9. 신문실 / 관찰실 – 경찰서 (낮)

해준

아직 살인이다 아니다 말씀 드리긴 좀 이르고요.

실종 신고를 왜 사흘 있다가 하셨나요?

해준, 서래의 진술을 들으며 태블릿 PC로 조서 작성 중이다. 틈날 때마다 탁자 여기저기 아무렇게나 놓인 티슈와 물주전자와 머그컵과 텀블러 따위를 사각 쟁반에 단정하게 정리한다.

관찰실에서는 원웨이 글라스를 통해 수완과 미지가 지켜본다. 책상이 지저분하다.

서래

(진심으로 궁금해서)

한국은 하루만 연락이 안 돼도 신고하나요?

(해준, 뭐라고 답하면 좋을까 잠깐 생각하는데)

남편이 산에서 어떤 모습이었나요?

서래를 똑바로 보며 그녀가 어디까지 감당할 수 있는지 가늠해 보는 해준.

해준

말씀으로 해 드릴까요, 사진을 보시겠어요?

서래

말씀.

(왠지 조금 실망한 해준이 말씀을 시작하려고 할 때, 갑자기)

사진.

해준

(반가워하면서도 말로는)

눈 뜬 채 발견됐는데…… 볼 수 있으시겠어요?

미세하게 끄덕. 그 단호함에 깊은 인상을 받는 해준, 태블릿 PC를 돌려서 절벽 아래 도수의 모습 보여 준다.

해준

두부 열상이 직접 사인이었고……

(못 알아들어 미간을 찌푸리는 서래를 보고, 제 머리를 손가락으로 짚으며)

머리통이 깨지신 게, 돌아가신 이유라는 겁니다.

(여러 각도에서 찍힌 도수의 사진들을 집중해서 관찰하는 서래를 관찰하는 해준)

피 많이 났을 텐데 비가 와서 씻겼어요, 천만다행으로.

서래

원하던 대로 운명하셨습니다.

표현에 자신이 없는지 해준의 반응을 살피면서 "'운명' 아닌가……?" 하고 거의 안 들리게 말하는 서래, 어색하게 약간 웃는다.

관찰실의 수완, 미지를 돌아보며 −

수완

웃는 거 봤어?

서래 눈에 약간 습기가 찬다. 참을성 있게 다음 문장을 기다리는 해준.

서래

깔끔한 남자였거든요.

사진을 이어서 보다가 어느 순간 못 참겠다는 듯 태블릿 PC를 돌려놓는 서래. 주머니에서 위생 비닐봉지를 꺼내는 해준, 입구를 벌려 건넨다. 얼떨결에 받는 서래, 얼른 구석으로 가 봉투에 대고 토한다. 주머니에서 물티슈와 구강 청결제를 꺼내는 해준, 어깨 너머로 서래에게 준다. 그동안 우리는 서래에게 구토를 유발한 태블릿 PC 화면을 본다. 도수의 눈 클로즈업.

10. 진료실 (낮)

처참하게 멍들고 찢어진 서래의 신체 부위 사진들. 갈비뼈, 가슴, 허리, 다리, 어깨
등. 얼굴과 손발도 부분적으로 찍혔다.
여자 의사 옆에 앉아 사진 설명 듣는 해준, 잔뜩 멍든 골반 사진에 주목한다. 화려
한 레이스로 장식된 버건디색 팬티의 라인 바로 위에 문신이 있다. 확대해 보니 화
려한 장식체로 'KDS'. 한숨 쉬는 해준.

의사
심지어 웃지도 못했어요, 부러진 갈비뼈가 폐를 압박해서.
경찰에 신고하자고, 이러고도 웃음이 나오냐고 했더니
또 웃으려고 하더라고요, 참…….
(뭔지 알 것 같은 해준의 표정)
나중에 들으니까 처벌을 원치 않는다고 했대요,
남편이 이제 안 때린다고 막 비니까.
보이세요? 이 남자 깔끔한 성격이에요.
(엑스레이 사진 가리키며)
눈에 안 띄는 곳만 부서뜨려 놨잖아요.

11. 사격 레인지 – 경찰서 (낮)

권총 사격하는 수완과 해준. 마지막 두 발. 총 쏘면서 그 생각만 했는지 귀마개를
벗자마자 –

수완

그 정도면 절벽에서 확 밀어 버리고 싶지 않을까요?

해준

넌 그런 얘기 들으면, 학대당한 사람이 범인이란 생각부터 드냐?

표적지 회수하고 총기 반납하는 두 형사.

수완

팀장님은 어떤 생각부터 드는데요?

해준

불쌍하다는 생각.

(어이없어 헛웃음 짓는 수완)

질곡동 사건 말이야…….

사건 일주일 전에 범이 친구 중에 이지구란 놈이 차 렌트를 했더라고?

수완

(건성으로)

저런…….

해준

어찌어찌 그 차를 찾아 뒤졌더니 트렁크에서

죽은 범이 디엔에이가 나온 거야.

(마지못해 '아…….' 하는 수완)

삼 년 전에 그땐 그걸 왜 놓쳤을까?

수완

(사격훈련필 서류에 사인하면서 무성의하게)

글쎄요…… 왜 놓쳤을까…….

해준

이제 잡아야지, 잡아야 되는데 서장님하고 1팀은 들은 척도 안 해.

수완

(같이 염려해 주는 척)

어떡해요…….

해준

(출입문 먼저 열고 기다리며)

우리가 해야지.

수완

우리?

해준

응, 너랑 나랑.

12. '오빠피씨방' 앞 (저녁)

차 운전석에 앉은 수완, 전기 안마기로 목덜미를 누른다. 덜덜거리는 소리와 함께 머리가 흔들리지만 꾹 참고 열심히 피씨방을 노려본다. 불만에 찬 표정으로 스피커폰 통화 중.

수완

아니요……. 이게 '너랑 나랑'이냐고요…….

13. 해준 차 안 – 해안 도로 (저녁)

운전하는 해준의 시점 – 전조등 빛 닿는 범위 내의 안개가 진흙탕처럼 뭉클뭉클 꿈틀거린다. 그 꼴을 구경하다가 잠이 쏟아져 깜빡. 뒤차가 경적 울리는 바람에 정신 차리는 해준, 손바닥으로 낯을 문지른다.

해준

왜 말을 하다 말아……. 더 좀 해 봐.

수완

(스피커폰 소리)

그러니까 밤에 좀 주무시라고요……. 험해서 어떡해, 이거…….
맨날 잠복근무하니까 잠이 부족하잖아요.

해준

잠복해서 잠 부족이 아니라 잠이 안 와서 잠복하는 거야.

수완

(소리)

뭐래……. 간장공장공장장도 아니고.

해준

말 좀 해, 솔직히 너두 졸리잖아……. 야, 자냐?

조용하다. 눈 부릅뜨는 해준. 안개 너머로 '이포, 원자력 발전소' 이정표가 희미하게 보인다.

14. 주방 – 정안 집 (밤)

언제 졸았냐는 듯 멀쩡해진 해준은 부엌에서 매운탕을 끓이고 아내 안정안(40대 초)은 식탁 세팅 중. 중학생 아들 장하주가 포함된 가족사진, 원자로 앞에서 유니폼 입고 웃는 정안의 사진, '핵발전의 핵인싸 – 역대 최연소 원자로 조종감독자 안정안 씨'라는 기사 스크랩, '사리 원자력 발전소 발전2팀장 안정안' 이름으로 받은 표창장과 감사패 등 보인다.

해준

주말에 기숙사에 남는 애들이 많대?

정안

수학 올림피아드 때문에 바쁘대잖아.

해준

하주 무슨 문제 있는 건 아니지?

정안

걘 이과라서 나 닮았어. 난 완벽하게 이해되는데?

(보글보글 끓는 매운탕을 가져오는 해준.

정안, 기대감으로 얼굴이 환해지면서도 얻어먹는 게 미안해서)

초밥 같은 거 사다 먹자니까.

해준

나 있을 때만이라도 뜨거운 거 먹이게…….

초밥은 아무 초밥이나 먹기 싫어.

정안

(매운탕 떠먹고 맛이 너무 좋아 몸까지 부르르 떨며)

이포로 전근 오면 안 돼? 나 매일 이런 거 먹게.

(진지한 제안을 지나가는 말처럼 해 보지만 남편은 빙긋 웃기만)

내 옆자리 이 주임 말이야, 샘 많다는……. 나 걱정하는 척하면서

은근히 멕이는 거 있지?

점심 때 여럿이 수다 떠는데 이러더라?

주말부부 열 쌍 중 여섯이 이혼을 심각하게 고려한다는데 괜찮냐고.

해준

그래서 뭐랬어?

정안

섹스리스 부부 중에 오십오 프로가 이혼한다는데 괜찮냐고.

웃음 터뜨리는 해준.

15. 침실 – 정안 집 (밤)

조용하고 담백한 섹스를 하는 부부. 정안, 나른하게 즐긴다. 가구 뒤 방구석 벽지에 조금 번진 곰팡이를 보다가 잠깐 딴생각에 빠지는 해준. 정안, 그 표정을 놓치지 않는다.

잠시 후 –

침대에 모로 누워 마주 보는 두 사람. 해준 팔베개 한 정안.

정안

우리, 좋지.

해준

응.

정안

십육 년 팔 개월 동안 계속 좋지.

해준

그걸 세고 있냐……. 하여튼 이과셔…….

정안

섹스가 고혈압이나 심장병에 좋다고들 하잖아.

최근 연구 보니까 인지 능력 향상에도 그렇게 좋다네?

해준

어허, 놀랍군.

정안

우리 매주 해야 돼, 서로 밉고 싫은 때에도.

(진지하게 끄덕이는 해준)

난 그런 게 필요해, '지금 당장' 육체적으로 당신을 강렬하게 소유하는 거.

안타깝다는 듯 갑자기 남편을 꼭 끌어안는 정안. 숨 막혀 기침하는 해준, 웃는다.

해준

막상 경찰이 잘 죽진 않아, 여보.

통계에 의하면 — 당신 통계 좋아하잖아 — 택시 기사나 주부보다

덜 죽는대.

정안

너 아까도 사건 생각했지?

(해준, 뜨끔)

질곡동 사건?

해준

아니, 젊은 조선족 여자가 산에서 죽은 사건……. 늙은 남편이

불쌍하더라구.

16. 서래 아파트 (밤)

소파에 최대한 몸을 작게 웅크리고 앉은 서래. 어둠 속에서 TV 불빛만 껌뻑인다.

사극 드라마 〈흰 꽃〉 방송 중.

TV 화면 − 노을 지는 강변. 무복 차림의 여자와 두루마기 차림의 남자. 옆에 뒹구

는 무녀의 빨간 모자. 무녀의 피로 펑 젖은 저고리를 벗겨, 어깨의 상처를 드러내는

류선생.

무녀

더 이상 갈 데가 없소, 이대로 죽게 두시오.

류선생과 동시에 낮은 목소리로 말하는 서래.

류선생/서래
독한 것…….

17. 간병인 소개소 (낮)

문 열리고 진주 목걸이/검은 원피스/검은 스타킹 차림의 중년의 여성 실장과 해준
이 들어온다.

실장
서래 씨는 월화수목금 다 다른 독거 노인 댁으로 다녀요.
월요일이랬죠? 일루 오세요.
(컴퓨터로 뭔가를 찾는다. 해준이 옆에 와 엉거주춤 서서 모니터를 본다)
저희 환자분들이 의사 표현을 잘 못하실 수 있어서
담당자가 환자분께 전화를 드리거든요.
오전 아홉 시에. 간병인이 제대로 갔는지 다 확인이 됩니다.
송서래, 월요일이면 이해동 할머니네요. 이날도 전화 확인됐구요.

해준
저 죄송하지만…… 의사 표현 못하시는 분들이 전화는 받나요?

실장
그럴 경우엔 간병인이 받죠.

해준

송서래 씨 평소 근태가……?

실장

할머니들은 이렇게 말하죠, 이것은 간병인인가 손녀딸인가.

간호사 출신이라 주사도 놔 줄 수 있고 저희 업체 에이스죠, 에이스.

우리 서래 씨로 말씀드리자면요…….

18. 해준 차 안 / 월요일 할머니 집 (낮)

수완

……무서운 여자예요, 저 반지 뺀 거 봐요.

고즈넉하고 낡은 저층 아파트 단지. 차에서 쌍안경으로 관찰하는 해준. 전기 안마기를 해준 어깨에 대고 마사지해 주는 수완.

덜덜 떨리는 해준 시점 − 편한 원피스 차림의 서래, 1층 창가 안락의자에 앉은 할머니가 차 마시며 떡 먹도록 돕는다.

해준

(쌍안경에서 눈 떼지 않은 채, 한 손으로 안마기를 치우며)

슬픔이 파도처럼 덮치는 사람이 있는가 하면

물에 잉크가 퍼지듯이 서서히 물드는 사람도 있는 거야.

심심한 듯 기도수 휴대폰을 꺼내 켜는 수완. 서래와 도수의 셀카 배경 화면을 보며 심드렁하게 −

수완

시집 내면 알려 주세요, 한 권 사 드릴게.

(시체 안치실에서 서래가 제공한) 패턴을 입력하자 화면이 열린다. 즐겨찾기에서
유튜브 채널 〈기도수TV〉를 찾아 연다.
기도수가 셀카봉 스마트폰으로 찍어 올린 영상 – 등산복 차림으로 산길 걷는 도
수, 화면 구석에 〈기도수TV〉라는 제목.

도수

······하루 열두 시간 앉아서 잠재적인 불법 입국자를 걸러내야 하는
힘든 일이죠. 하지만 암벽을 타는 생각만 하면 제 마음은 완전히······.

수완의 전화에 문자 알림음이 울린다. 기도수 전화의 유튜브 화면을 정지시키고
문자 확인하는 수완, 흥분해서 –

수완

이거 봐, 이거 봐······ 살인 같더라니까!
기도수 손톱 밑에서 딴 사람 디엔에이가 나왔네요.

쌍안경 보면서 흠음 – 하는 해준.
해준의 시점 – 할머니는 무슨 이야기를 많이도 한다. 경청하면서 할머니 팔을 정
성껏 마사지하는 서래.

해준

(쌍안경 내려놓으며)

송서래 다섯 시 퇴근이지? 네 시 반쯤 전화해.

경찰서 와서 구강 상피 세포 채취 협조해 달라고.

수완

죄진 게 있으면 협조하기 주저하겠죠?

바쁜 일 있다 거짓말할 수도 있고, 아예 도주를 시도하면 완전 고맙지.

근데 아, 또 '구강상피세포채취' 그거 어떻게 풀어서 말하나…….

(슬쩍 해준 눈치를 살피며)

아, 골치 아픈 생각하니까 갑자기 위장 상피 세포에 통증이 오네?

해준

먹고 와.

(수완이 차 문 열려는데)

또 비싼 거 사 먹지 말고.

입 비죽거리며 하차하는 수완. 기다렸다는 듯 다시 쌍안경 들여다보는 해준.

간식 먹고 남은 것들을 착착착 치우는 서래. 바퀴 침대의 시트를 빼서 새것으로 가는 익숙한 손길. 할머니를 부축하고 모셔 와 부드럽게 눕힌다. 팔에 주사를 놓아 주는 숙련된 동작. 새와 물고기한테 밥을 준다. 해준, 서래의 얼굴이 보고 싶은데 각도와 방향과 조명 때문에 어렵다.

어느새 — 상상 속에서 — 그 방에 간 해준, 서래 가까이 서서 관찰한다. (서래의 말소리는 들리지 않고 신체 접촉도 없다.) 폴짝 침대에 올라앉아 녹색 표지의 공책을 펴고 낭독하는 서래. 무릎에 다정하게 기대는 할머니, 눈을 감는다. 눈으로 할머니를 살피고 손으로 어깨 토닥이고 입으로 읽는 서래. 분주한 가운데 고요한 서래의 표정에 매혹되는 해준. 할머니가 잠이 들자 낭독을 멈추고 숨소리를 확인하는 서래, 낮잠 든 아이를 바라보는 엄마처럼 할머니 머리를 쓸어 넘긴다. 가방에서 책 한

권을 꺼내들고 식탁에 가서 그 책과 녹색 공책을 나란히 펼쳐 놓고 글씨를 쓰기 시작한다. 책을 연신 보면서 흘러내리는 앞머리를 귀 뒤로 넘긴다. 귀 솜털이 보일만큼 가까이서 보는 해준, 크게 숨을 들이쉬어 체취를 맡으며 뺨을 붉힌다.

차 안. 쌍안경에 눈 댄 채로, 조용한 방에 살금살금 들어서는 사람처럼 살며시 전화기 드는 해준. 몸을 돌려 수완이 오는지 확인한다.

주머니에서 진동을 느끼고 깜짝 놀라는 서래, 발신인 확인하고 일어나 작은 방으로 걸어가며 받는다. 소곤소곤 −

서래
안녕하세요?

(또 상상 속에서) 서래 바로 옆에 선 해준, 약간 놀란다. 전화기도 없이 직접 대화하듯 −

해준
제 번호를 저장해 두셨나 보네요.

서래
네.

서래, 창틀에 팔꿈치를 대고 통화한다. 기분 좋아진 해준, 서래의 왼손을 유심히 본다. 반지 끼었던 자리만 피부가 희다.

해준
기도수 씨 손톱 밑에서 다른 사람 디엔에이가 검출됐습니다.
(미간을 모으는 서래)

지금 경찰서에 와서 저희한테 디엔에이를 좀 주셔야겠는데요.

서래

안 돼요.

해준

왜요?

서래

나 일해요.

해준

남편 돌아가셨는데 벌써 출근하셨나 봐요?

서래

죽은 남편이, 산 노인 돌보는 일을 방해할 순 없습니다.

차 안의 해준, 망설임 없이 확고한 서래의 표정을 읽으며 '아 ~ 그렇구나' 깨닫는다.

19. 해준 차 안 / 서래 차 안 - 도로 (낮)

– 수완과 통화하면서 서래 차를 미행하는 해준.

해준

아니, 집 방향은 아냐……. 누구 만나는지 한번 봐야지.

– 운전하는 서래, 뒤에 있는 해준의 차를 룸미러로 본다. 색만 다르지 같은 모델이

다. 반사 때문에 해준 얼굴은 안 보인다.

− 해준, 서래 가는 방향이 좀 의외라는 생각이 든다. 서래 차가 우회전해서 경찰서로 들어가자 허를 찔린 표정.

20. 신문실 − 경찰서 (낮)

입 벌리고 앉은 서래. 면봉으로 입안을 긁어내는 미지. 구경하는 해준. 서래, 곁눈질로 해준의 결혼반지를 본다.

해준
못 오시는 줄 알았는데, 고맙습니다.

21. 거실 − 월요일 할머니 집 (낮)

맛있게 호로록 녹차 마시는 할머니 앞에 다소곳이 앉아 사과를 깎는 수완, '이게 아닌데…….' 표정.

할머니
아는 스님이 지리산에서 한 잎 한 잎 따신 건데,
이렇게 뜨겁게 만들면 안 되지.

수완
다음에 잘 할게요, 월요일날 송서래 씨가 몇 시쯤 왔어요?

할머니

시리야, 노래 틀어줘. 정훈희의 안개.

(블루투스 스피커에서 기타와 색소폰 연주가 흘러나온다)

노래 좋지? 서래가 넣어 줬어.

22. 신문실 - 경찰서 (낮)

마주 앉은 서래와 해준. 노동으로 너덜너덜해진 반창고를 보란 듯이 확 떼어 내는 서래. 거의 아문 손의 상처를 유심히 보고 질문하듯 서래를 보는 해준.

서래

싸웠어요. 남편은 산에 가자고, 난 산 싫다고.

해준

산 싫어한다고 아내를 할퀴어요?

한숨 쉬더니 내키지 않는 표정으로 일어서는 서래, 필요한 만큼 치마를 걷어 올린다. 해준, 덩달아 일어나며 ─

해준

여자 경찰 부르겠습니다.

원웨이 글라스 너머 관찰실의 미지에게 오라고 손짓하는 해준. 서래, 치맛단 잡은 손 내리며 ─

서래

괜찮아요.

해준

사진을 찍어야 하는데요.

서래

괜찮아요.

해준, 거울을 향해 미지 안 와도 된다고 턱짓. 서래, 다시 치맛단을 올린다. 문이 벌컥 열리자 깜짝 놀라는 해준. 오라는 신호를 보자마자 출발한 미지가 얼굴을 내민다. 잘못한 것도 없이 눈치 보이는 해준, 엉거주춤 스마트폰을 들고 섰는데 서래가 미지에게 –

서래

괜찮아요.

미지 나가자 해준, 서래 허벅지에 흉측하게 그어진 6개의 손톱자국을 찍는다. 기도수를 향한 해준의 분노가 부글부글. 치마 내리는 서래, 양손을 쫙 벌려서 손톱으로 허공을 할퀴며 –

서래

제가 했어요……. 한국어를 영 못 알아듣길래.

해준

자해를 했더니 알아듣던가요?

서래

마침내.

해준

그랬더니 남편이 뭐라던가요?

서래

(좀 생각해 보더니)

독한 것…….

(서래, 왼손등의 상처를 가리키며)

도수 씨가 날 말리다가 이렇게…….

해준

그래서 기도수 씨 손톱에서 송서래 씨 디엔에이가 나왔단 말입니까?

(끄덕이는 서래를 보면서 끄덕이는 해준)

산이 그렇게 싫으세요?

진저리치는 서래, 전화기를 만지더니 빠르게 중국어를 한다. 당황하는 해준에게
전화기를 돌린다. 통역기 앱의 목소리 −

남자 성우

공자님 말씀에, 지혜로운 자는 물을 좋아하고
인자한 자는 산을 좋아한다고 했습니다.

난 인자한 사람이 아닙니다.

(해준의 '이 여자, 뭐지?' 표정)

난 바다가 좋아요.

해준이 저도 모르게 "어, 나도." 라고 중얼거리자 −

서래

예?

해준

(당황해서 서둘러 책상 위에 놓인 수사 기록을 펼쳐 서래에게 보여 주며)

응급실 간 날짜들 맞죠? 이때도 산에 안 간다고 때리던가요?

서래

여섯 살 때 엄마가 집 나갔대요, 그래서…….

해준

그래서 거절을 당하면 여섯 살이 된다는 말인가요?

(서래, 끄덕)

그래서 불쌍했다는 겁니까?

서래

제 얘기 듣고 울어 준 단일한 한국 사람이에요.

해준

어떤 한국 사람이요?

서래

(말이 틀렸나 자신 없어하며 어색한 미소)

단일…… 한?

해준

(자기도 모르게 슬며시 웃으며)

아 ―

(불안해하는 서래 표정을 보고 황급히)

아니요. 정확해요, 너무 정확해서……. 웃지 말아야 했는데, 미안합니다.

서래

나도 한국어 자신 없을 땐 웃어요.

서래, 처음으로 해준을 향해 미소를 보낸다. 해준, 잠시 눈이 부시다. 벌떡 일어서더니 ―

해준

저녁밥 시킬게요.

(고개 젓는 서래)

제가 배고파서.

23. 거실 ― 월요일 할머니 집 (낮)

쟁반에 쌓인 사과 껍질들, 두껍다. 할머니 옆에 앉아 시루떡을 집어먹는 수완, 어느새 할머니와 친해졌다.

수완

서래가 뭐가 그렇게 좋아요? 이뻐서?

할머니

사과 껍질을 얇게 잘 깎지, 그리구 내 맘을 알지.

떡 먹구 싶은 거, 떡 먹을 땐 차 마시구 싶은 거, 옛날 얘기 좋아하는 거.

팔하고 어깨 주물러 주면 얼마나 잠 잘 오는데?

내가 금요일 밤부터 기도를 해, 빨리 월요일이 오게 해 주세요.

그러면 가끔씩 월요일이 일찍 오는 것 같고 그래.

시리야, 노래 틀어 줘. 정훈희의 안개.

(다시 한 번 스피커에서 음악이 나온다)

좋지? 서래가 넣어 줬어.

오늘 이 노래를 처음 듣는 사람 같다. 수완, 잠시 갸우뚱하지만 그저 이 노래를 참 좋아하시나 보다 생각하고 만다.

24. 신문실 - 경찰서 (밤)

고급 모듬 초밥 도시락을 앞에 두고 마주 앉은 두 사람. 해준, 묵묵히 먹기 시작한다. 서래, 조심스레 하나 골라 입에 넣는다. 너무나 맛있다! 깜짝 놀라 해준을 본다. 서래에게 무관심한 듯 맛을 음미하는 데에만 열중하는 해준. 서래, 포장지에 인쇄된 식당 이름을 슬쩍 보아 두고 또 하나 다른 종류를 골라 먹어 본다. 더 맛있어서 또 놀란다.

25. 관찰실 (밤)

원웨이 글라스를 통해 신문실을 들여다보는 미지. 수완이 커피 두 잔을 들고 들어선다. 한 잔은 미지 준다.

미지

땡큐. 저녁 먹었어요?

고개 젓는 수완, 서래가 코트 벗고 본격적으로 먹는 모습을 본다. 배신감이 서서히
수완을 휩쓸고 지나간다.

수완

저거 '시마스시' 모듬 초밥이야?! 저거 경비 처리 돼?

'전 모르죠……', 어깨 으쓱하는 미지. "에이, 씨!" 하면서 도로 나가 버리는 수완.

26. 신문실 (밤)

식사를 마친 해준, 착착 정리한다. 서래가 정리한 것들을 받아 합친다. 둘은 손발이
잘 맞는다.

해준

따라오세요.

영문 모른 채 해준 따라 방을 나서려다 코트와 핸드백을 가져가야 되나 고민하는
서래. 복도에서 들리는 해준 음성.

해준

(소리)

다시 올 거예요.

'어떻게 알았지?' 표정. 핸드백만 들고 나가는 서래.

27. 강력팀 사무실 (밤)

수완이 멀리서 노려보는 가운데 책상 서랍을 여는 해준, 새 칫솔과 헌 칫솔을 하나
씩 꺼내더니 새것을 서래에게 준다. 치약 뚜껑을 열고 서래를 본다. 서래가 포장 뜯
은 칫솔을 내밀자 치약을 짜 주는 해준, 제 칫솔에도 짠 다음 앞장선다.

해준

여섯 시 오십 분까지 그 방으로 다시 오세요. 여자 화장실 저기예요.
(주머니에서 뭔가를 꺼내면서 돌아선다. 방수 밴드를 내민다.
서래의 상처 난 손 가리키며)
방수되는 거예요······. '방수'는 물에 닿아도 물 안 들어간다는 뜻이에요.

서래

간병인은 방수용품 많이 씁니다.

또 '아 그렇구나' 하는 해준.

28. 화장실 (밤)

거울 앞에서, 저 예의 바른 형사는 뭘까, 저 맛있는 초밥은 뭘까, 의문을 지워 버리

려는 듯 열심히 이를 닦고 헹구는 서래. 방수 밴드 꺼내 상처 부위에 조심스럽게 붙인다. 갸웃하더니 향수를 꺼내 귀 뒤에 뿌리고는 밴드 위에도 살짝 뿌리고 가만 들여다본다, 정말 방수가 되나 시험해 보듯. 나가려다 핸드백에서 결혼반지를 꺼내 낀다.

29. 신문실 (밤)

다시 마주 앉은 해준과 서래. 수사기록철로 얼굴을 가리고 코를 벌름거리며 향수 냄새 맡는 해준, 돌아온 결혼반지를 본다.

해준
십오 년 팔 월 십칠 일, 해경이 평택항으로 들어오는 화물선에서
불법 입국하려던 중국인들을 적발했어요.
다른 서른일곱 명은 추방됐는데 송서래 씨만 여기 남았네요?

서래
전 다른 사람들하고 다르니까요.
(많이 해 본 말인 듯 유난히 또박또박)
제 외조부는 만주 조선해방군의 계봉석씁니다.

해준, '무슨 소리지?'

30. 관찰실 (밤)

수완과 미지도 '뭔 소리?' 표정으로 마주 본다.

31. 신문실 (밤)

스마트폰의 사진 보관함을 열어서 테이블에 놓고 해준 쪽으로 돌려 주는 서래. 유해가 든 작은 항아리, 낡은 계급장, 선언서, 조직표, 일지 등의 사진들을 하나하나 보는 해준.

서래
알아 준 기도수 씨 덕에 건국 훈장을 받으셨어요.

훈장 수여식에서 대통령과 함께 찍힌 사진을 유심히 들여다보는 해준, 혹시 속임수가 있을까 의심하듯 서래의 얼굴을 확대해서 마주 앉은 여자와 비교해 본다. 의젓하고 당당한 자세로 시선을 받는 서래. 해준의 주머니에서 휴대 전화 진동 울린다. 슬쩍 보면 발신자는 '피씨방 알바'. 재빨리 전화 받으며 일어서는 해준.

32. 복도 (밤)

신문실에서 나오는 해준, 관찰실에서 수완과 미지도 덩달아 나온다. 해준, 전화에 대고 ―

해준

십 분 안에 갑니다.

(전화 끊고 수완에게)

이지구, 오빠피씨방.

(미지에게)

송서래 씨는 보내고…….

33. 신문실 (밤)

귀를 쫑긋 세우고 열린 문틈으로 들어오는 소리를 듣는 서래, 스마트폰으로 상호를 검색한다.

해준

(미지에게 말하는 소리)

……보훈처에, 건국 훈장 애국장 받은 계봉석 씨 좀 알아봐 줘.

액정에 '오빠피씨방' 지도가 뜬다.

34. 서래 차 안 (밤)

내비게이션 보면서 밤거리를 운전하는 서래.

미지

(소리)

계봉석, 충북 단양 사람.

35. '오빠피씨방' 앞 (밤)

해준과 수완이 건물 입구를 지킨다. 권총을 꺼내 탄환이 들었는지 확인하는 수완을 빤히 보는 해준.

수완

안 써도 이럴 때 안심은 돼요.

해준, 말없이 이층을 올려다본다. 수완, 괜히 팀장님이 저를 한심하게 여기는 것 같은 기분을 안고 계단을 오른다. 해준, 스마트워치에 녹음한다.

해준

오수완 경사가 피씨방으로 올라가고 장해준은 입구 봉쇄.

말을 마치기가 무섭게 이층 피씨방에서 우당탕 몸싸움 소리. 해준, 급히 올라가려다 날듯이 뛰어 내려오는 이지구와 부딪힌다. 한 손에만 수갑을 찬 채 달아나는 지구. 바로 일어나 쫓아 나가는 해준.

미지

(소리)

삼십 년대 중반 남만주 일대에서 활발하게 항일 무장 투쟁을 전개했던
조선해방군의 제삼 중대장으로서…….

36. 거리 (밤)

'오빠피씨방' 앞을 지나는 자동차, 운전하는 서래. 사람들이 소리 지르며 주목하는
방향을 보니 이지구를 쫓는 해준, 곧이어 건물에서 나온 수완도 달려간다. 빨간불
에 서서 멍하니, 질주하는 해준을 보는 서래.

미지

(소리)

……삼십사 년부터 육 년까지 이백여 차례의
크고 작은 군사 작전을 벌이며 남만주의 살쾡이라는 별명을 얻었다.
특히 삼십육 년 유월 팔 일…….

37. 골목 (밤)

미지

(소리)

……중국 연변의 나자구에서 조선 회령으로 철수하는
일본군을 기습했을 때 연대장 하라 겐고의 목을 물어뜯어 처단한 일이

전설로 남았다.

영원처럼 높게 느껴지는 계단, 추격의 중간에 수완은 지쳐 떨어져 나간다. 다 올라간 지구가 탈진해 엎어지고 곧이어 따라온 해준이 허파가 터질 듯 숨을 몰아쉬면서 노려본다. 칼을 꺼내는 지구, 가까이 오지 말라고 휘둘러 댄다. 해준을 찾던 서래의 차가 골목 끝에 나타난다. 눈을 반짝이며 해준을 보는 서래. 숨을 고르면서 주머니에서 손바닥에 철사를 댄 정육점 장갑을 꺼내는 해준, 왼손에 끼면서 성큼성큼 다가온다. 마구잡이로 춤을 추는 지구의 칼날을 왼손으로 척 잡더니 오른주먹으로 얼굴을 가격한다. 코피가 터진다. 쓰러진 지구 몸에 올라타 앉는 해준, 제 손에 피가 나도 쉬지 않고 때린다. 침착하고 끈질기다, 상대 얼굴이 피투성이가 되도록 공격을 멈추지 않는다. 결국 칼을 놓는 지구. 수갑 채우고서야 긴장을 푸는 해준, 골목 끝에 선 차를 발견한다. 운전석에 앉은 서래를 보지만 놀랄 기운도 없다.

38. 신문실 – 경찰서 (밤)

엉망이 된 얼굴에 간단히 드레싱하고 앉은 지구, 겁먹었다. 마주 앉아 빤히 보던 수완, 전기 안마기로 지구의 목울대를 누른다.

수완

자살 충동 있지?

지구

(안마기 진동 때문에 덜덜 떨리는 목소리로)

아닌데요?

수완

경찰한테 칼부림하는 게 자살 행위 아니면 뭔데!

벌떡 일어서 의자와 테이블을 거칠게 차 버리는 수완. 서류들이 바닥에 흩어진다. 테이블이 없어지자 벌거벗겨진 기분이 드는 지구, 가랑이를 오므린다. 오른손에 붕대 감고 왼손에 커피잔 든 해준 들어와 상황을 보더니 미간을 찌푸린다. 수완, 얼른 테이블을 일으켜 제자리에 놓는다. 커피 내려놓는 해준. 수완이 얼른 가져다 놓은 의자에 앉는 해준, 지구에게 커피를 천천히 밀어 준다. 지구, 긴장. 해준이 턱짓하자 서류 줍다 말고 나가는 수완. 해준이 지그시 보는 가운데 지구, 커피를 꿀꺽.

해준

너 아니지?
(놀라는 지구)
싸워 보니까 넌 사람 못 죽이겠더라……. 범이, 산오가 죽였지?
돈은 둘이 나눠 갖고.

표정이 일그러지는 지구, 서서히 얼굴이 달아오른다. 바닥에 흩어진 종이 중에 산오의 사진을 발견하고 유심히 본다.

지구

산오 못 잡아요, 아저씨들은.

해준

왜?

39. 서래 아파트 (밤)

식탁 의자에 앉아 아이스크림 먹는 서래, 해준이 지구를 무차별 구타하던 순간을 떠올린다.

지구
(소리)
소년원 추억이 너~무 아름다워서요.
잡혀서 감옥 가느니 경찰 몇 죽이고 자살할 걸요?
걔 자살 충동 있어요.

40. 흡연실 (밤)

수완, 담배를 뻑뻑 피운다. 실내가 안개 낀 것처럼 뿌옇다. 문 벌컥 열고 들어오는 해준. 의경 하나가 벌떡 일어나 거수경례하더니 불편한지 서둘러 담배 끄고 나간다. 수완 담배 피우는 꼴도 보기 싫고 화도 나서 어금니 꽉 깨물고 말하는 해준.

해준
나하고 일하려면 가혹행위 안 된다고 했어, 안 했어.

수완
(해준 손을 가리키며)
경찰이 다쳤잖아요, 경찰이!

해준

내가 때리다 다친 거라고 했잖아.

총 차고 다니면 뭐하냐, 숨차서 뛰지도 못하는데.

(식식거리며 담배를 한 개비 더 불 붙여서 두 개를 뻑뻑 빨아 대는 수완)

그리고 용의자가 말하게 해야지 왜 니가 말을 다 하냐.

수완

용의자 말을 '너무' 들어 주시는 거 아니에요?

(뭔 소린가, 보는 해준)

송서래만 해도, 벌써 피의자 전환해서…….

해준

(말 끊으며 휴대 전화에 저장된 자료 사진들을 보여 준다)

일하는 경찰 미지가 씨씨티브이 찾아왔어.

송서래가 할머니 아파트 들어가는 모습, 나오는 모습.

(갑자기 무슨 생각이 났는지 미지에게 전화 걸면서, 수완에게)

알리바이 입증된 거야.

(전화에 대고 미지에게)

미지야, 니가 홍산오 여자 많다 그랬지?

……명단 뽑아, 사귄 기간하고 특기사항…… 현 주소 다 추적해서 붙이고.

수완

(해준이 전화 끊기만 기다렸다가)

그렇게 예쁜 여자가 왜 그런 영감하고 결혼해서

한국에 살까 궁금하지도 않으세요?

해준

젊고 예쁘고 외국인이라서 피의자가 돼야 해?

수완

예쁜 건 인정하시는 거네요?

(한숨 쉬는 해준)

역차별이라고요……. 여자 아니고 외국인 아니고

그냥 남자 한국인이었으면

팀장님, 가서 밤새 잠복하자고 하셨을 걸요?

집에는 곧바로 가는지, 누가 찾아오는 건 아닌지 본다고.

잠복이 취미잖아요, 예? 잔소리하고.

수완을 노려보는 해준.

41. 서래 아파트 (밤)

식탁 위, 숟가락 꽂힌 아이스크림 통. 식탁에서 거실 소파로 가는 동선을 따라 낮에 입었던 옷이 하나씩 벗어져 있다.

TV 화면 − 사극 〈흰 꽃〉. 석양빛에 물든 강변. 류선생의 품에 안겨 죽어 가면서도 기백이 당당한 무녀. 반면 류선생은 눈물이 줄줄.

무녀

죽음은 포기가 아닙니다, 선생님. 죽음은 용맹한 행동입니다.

류선생

아니다, 소화야······. 아니야······. 진정 용맹한 행동은 사랑이야.

소파에 누워 눈 감은 서래의 얼굴에 번쩍이는 TV 불빛. 잠든 것 같았던 서래, 조용히 중얼거리며 대사를 따라한다.

류선생/서래

사랑은······ 그 외 다른 모든 것의 포기니라.

거실 창 너머 보이는, 아파트 맞은편 동. 옥상으로 줌 인 – 쌍안경으로 이쪽을 보는 해준.

42. 옥상 – 서래 아파트 단지 (밤)

서래 집을 보면서 스마트워치에 녹음하는 해준.

해준

공두 시 삼십 분. 아이스크림을 냉장고에 넣지도 않고
옷도 아무렇게나 벗어 던져 놓고 티브이 켜 놓은 채로 불편하게 잠.

43. 서래 아파트 앞 (새벽)

출근하려고 건물을 나서는 서래, 길고양이 밥그릇에 사료를 채워 주다가 주차장에

세워진 해준의 차를 발견한다. 몸을 낮춰 조심스럽게 차에 다가가는 서래, 곤히 잠든 해준을 몰래 들여다본다. 전화기 꺼내 사진 찍는다. 플래시가 터지자 깨는 해준, 서래를 보고 화들짝 놀란다. 손바닥을 척 들어 보이는 서래 −

서래

굿 모닝.

갈 길 간다.

44. 사무실 − 경찰서 (낮)

수완

왜 아침 인사를 하고 그러세요? 사람 당황스럽게시리.

해준

모처럼 잘 자서 그래, 잘 자서.

겸연쩍어하며 제 자리로 가 앉는 해준.

45. 옥상 − 서래 아파트 단지 (밤)

의자에 앉는 해준. 망원 렌즈 달린 카메라도 준비됐다. 휴대 전화가 진동하자 받는다. 작은 목소리로 −

해준

여보.

정안

(소리)

퇴근 중?

해준

응. 당신은 야간조?

정안

(소리)

응. 조심해서 가고. 오늘은 어제보다 더 잘자야 돼!

해준

냉장고에서 잡채 꺼내서 뎁혀 먹어.

전화 끊는 해준, 카메라를 든다. 여자 비명이 들리자 놀라 밖을 내려다본다.

46. 서래 아파트 앞 (밤)

고양이 밥그릇과 그 옆에 놓인 까마귀 사체를 내려다보는 해준. 씬7에 등장했던 아줌마1이 푸념을 늘어놓는다.

아줌마1

자꾸 먹이를 주니까 자꾸 뭘 잡아다 놓잖아.

(해준을 빤히 보며)

누가 치워 이걸?

내 일인가? 당황한 해준을 두고 가 버리는 아줌마. 까마귀 주검에 가만히 손을 대 보는 해준. 차 소리. 서래 차가 단지에 들어서고 있다. 재빨리 숨는다. 밥그릇 확인 하려고 차 세우는 서래, 까마귀를 보고 한숨 쉰다.

47. 어린이 놀이터 – 서래 아파트 단지 (밤)

놀이터 모래밭에 쪼그리고 앉은 서래, 녹색 플라스틱 양동이로 구덩이를 판다. 자 동차 뒤에 숨어 지켜보는 해준. 꽤 깊이 판 구덩이에 까마귀를 조심스레 넣고 다시 양동이로 모래를 밀어 메운다. 고양이가 나타나 서래 다리에 몸을 비빈다. 서래가 중국어로 무어라 말하자 스마트폰으로 녹음하는 해준, 까마귀 있던 자리에 떨어진 깃털 하나를 본다. 녹음이 제대로 안 될까 봐 전화 든 손을 살짝 내민다. 몸을 가려 주는 자동차 옆으로 슬금슬금 팔만 뻗어 나온다, 붐마이크처럼.

48. 옥상 – 서래 아파트 단지 (밤)

돌아온 해준, 까마귀 깃털을 만지작거리면서 스마트폰의 통역기 앱을 돌려 아까 녹음한 서래의 말을 해석한다.

남자 성우

(소리)

당신이 먹으려고 살상하는 건 내가 뭐라고 못하죠.

근데 말이야, 내가 밥 주니까 고맙다고 선물을 하는 거라면 그럼 됐어.

진짜로.

나에게 선물이 꼭 하고 싶다면 그 친절한 형사의 심장을 가져다 주세요.

난 좀 갖고 싶네.

왼쪽 가슴에 손을 얹는 해준, 심장이 찌르르.

49. 서래 아파트 (밤)

거실 스탠드만 켜 놓은 어두운 실내, 소파에 앉은 서래.

해준의 카메라 시점 ― 커피 테이블에, 숟가락 꽂힌 아이스크림 통.

해준

(소리)

저녁은 또 아이스크림.

방문객을 기다리는 것 같지는 않다, 그녀가 범인이라면 단독범.

……그것도 식사라고……. 식후 흡연은 안 됩니다.

담배를 피워 물고 일어나는 서래, 방에 들어가면서 시야에서 사라진다. 커튼 드리워진 침실에 불이 켜지더니 이내 꺼진다. 빨간 보자기에 싼 항아리를 들고 나오는 서래, 커피테이블에 내려놓고 앉는다. 팔짱 끼고 무릎을 안는다. 머리를 무릎 사이에 묻는다. 자신을 진정시키듯 앞뒤로 몸을 흔든다. 손가락 사이에 낀 담배에서 연기가 모락모락. (상상 속에서) 서래 곁에 와 앉는 해준.

해준

우는구나……. 마침내.

서래의 규칙적인 몸 움직임이 해준의 잠을 부른다. 팔 아래로 드러난 서래 얼굴을 우리만 본다. 반짝이는 눈, 은밀한 미소.

50. 강력팀 사무실 - 경찰서 (낮)

활기차게 들어서는 해준, 또 잘잔 모양이다. 손바닥 들고 "굿 모닝!"을 하려는데 미지가 눈치 준다. 해준, 유리벽 너머로 자기 방에 앉은 서장을 보고 당황한다. 책상에 발을 올리고 서류를 읽다가 해준이 들어오자 고개 드는 서장.

서장

구소산 변사 사건, 이걸 아직도 붙잡고 있어?
빨리빨리 종결시키고 큰 껀으로 치고 나가란 말이야, 질곡동 사건 같은 거.
에이스는 에이스를 필요로 하는 일만 해야지…….
미사일로 파리 잡으면 돼, 안 돼?

대답도 안 듣고 가 버린다. 조용히 주머니에서 물티슈를 꺼내 서장 구두 굽 닿았던 책상의 한 부분을 닦는 해준.

51. 회의실 (저녁)

미지와 마주 앉아 밥 먹는 해준, 생각에 잠겨 깨작깨작. 두 사람 전화기가 동시에 진동한다. 한 번 더, 역시 동시에.

미지
무슨 긴급 재난 문자냐고……
(해준의 전화기를 넘겨다 보며 제가 받은 문자와 비교한다.
똑같이 중국어로 된 공문서다)
중국 말 아세요?

고개 젓는 해준. 인상 쓰면서 들여다보는 두 사람. 곧 이어 수완이 식식거리며 달려와 미지 옆에 앉는다. 각자의 전화기를 동시에 들어 보이며 이거 뭐냐고 묻는 시선을 보내는 해준과 미지.

수완
구소산 사건 종결한다면서요?

해준
이 중국 문서, 뭐냐? 사서삼경이냐?

수완
수사 안 끝났잖아요.

해준
타살로 의심할 정황이 없는데? 난 이제 질곡동 범이 살인범 잡고 싶은데?
뭐냐고, 이거.

수완

송서래, 조선족 아니구 걍 한족 중국인이구요, 살인 용의잡니다.
중국 돌아가면 최소 무기징역이에요.

찡그리는 해준. 제 전화기도 켜는 수완, 셋이 각자의 전화기로 같은 파일을 본다.
제 전화기로 시범하며 —

수완

넘기면 번역기 돌린 거 나와요.
간병인 소개소, 거기 조선족 간병인들 사이에서
송서래 관련 소문이 많더라구요?

'어서 나머지 이야기를 들려 줘' 반응을 기대하며 뜸을 들이는 수완. 그러나 —

해준

너, 홍산오 여친 몇 명 만났어? 네 명 남았지?
이틀 안에 다 만나고 보고서 올려.

어처구니없다는 듯 헉, 입을 벌리는 수완. 분위기 싸해지자 슬그머니 제 음식 들고
먼저 일어나는 미지.

52. 테라스 / 서재 – 정안 집 (밤)

파도 소리 들리지만 안개 탓에 바다는 안 보인다. 그래도 바다를 향해 난간에 기대

선 해준, 휴대 전화로 중국 공문서 들여다본다. 한숨만 난다. 파자마 하의, 벗은 상체에 롱패딩을 걸쳤다. 실내로 들어간다. 서재 문틈으로, 책상 앞에 앉아 일하는 정안이 보인다. 남편 파자마 상의에 아랫도리는 벗었다.

해준

그새 또 일이야?

(방에 들어가, 뜻 모를 기호와 숫자로 가득한 컴퓨터 화면을 넘겨다 보며)

이 세상에 이해되는 일이 하나도 없어, 하나도…….

정안

후쿠시마 이후론 뭐 하나 확실한 게 없어.

(보안경을 벗으며)

추운데 밖에서 뭐 했어?

해준

안개 낀 바다가 좋다…… 는 생각.

(양 팔 뻗고 궁둥이를 씰룩이며 어설픈 춤 흉내)

부산 가도 바다, 이포 와도 바다…… 나는야 바다의 사나이…….

정안

바다 사나이 좋아하시네. 을지로가 고향인 주제에.

해준

후~ 담배 피고 싶다…….

정안

(양손으로 남편 얼굴을 붙잡고 걱정스럽게 들여다보며)

지금이야……. 더 늦기 전에 그 음탕한 생각을 잘라 내야 돼!

(전화하며 거실로 나간다)

도라지 말랭이 구해 올게, 당신 그거 썹으면서 끊었잖아.

(통화 상대에게)

이 주임? 혹시 도라지 말랭이 있어? 우리 남편이…….

멀어진다. 해준, 전화 꺼내 수완에게서 받은 중국어 문서들을 서래에게 보낸다. 초조하게 답장을 기다리다 한마디 메시지를 추가하는 해준 – '어떻게 생각하십니까?' 한 번 생각하더니 물음표를 마침표로 바꾼 다음 전송한다. 이윽고 서래의 문자메시지 도착. '내 집에 와요.' 해준, 짜증나서 –

해준

아~ 증말…….

말은 그래도 설레는 표정이 섞였다. 거실에서 청바지에 다리 끼우는 정안, 고개 들이밀고 –

정안

이 주임네 좀 갔다 올게.

해준

나두 가 봐야 될 것 같애…… 질곡동 사건 때문에.

아, 짜증나네…….

53. 해준 차 안 – 원자력 발전소 인근 해안 도로 (밤)

운전하는 해준, 화가 났다. 아내한테 거짓말을 해서, 안개 때문에 더 빨리 갈 수 없어서. 글러브박스에서 전기면도기를 꺼내는 해준, 턱을 민다. 정훈희 노래 「안개」가 흐르기 시작한다. 속도를 높이는 해준, 안 보이던 앞차가 안개 속에서 갑자기 드러나는 바람에 급감속. 차선 옮겨 추월. 또 앞차 바로 뒤에서 급감속. 방파제에 부딪치는 거친 파도. 안개와 어둠 속에 희미하게 불빛을 발하는 원자력 발전소. 발전기의 묵직하고 불길한 저음이 노래를 삼킨다.

54. 서래 아파트 (밤)

스탠드만 켜진 어두운 실내. 서래를 따라 거실로 들어서는 해준, 얼굴에 억눌린 분노가 서렸다.

해준

왜 경찰을 집으로 오라마라 합니까?

서래

어차피 자주 오시지 않습니까.

(뜨끔하는 해준, 앉지도 못하고 엉거주춤 섰다.

맞은편에 앉는 서래, 식탁에 놓인 찻잔에 차를 따른다)

건너 건너 아는 스님이 한 잎 한 잎 따신 찹니다.

해준

(앉으라는 초대로 해석하고 앉으며)

제가 건너 건너 들은 소문에 대해 얘기해 보죠.

어머니를 죽이셨다고요?

55. 입원실 - 병원 - 중국 (밤) - 회상

6인실 환자들의 신음, 기침소리, 윙윙거리는 기계음. 창가 자리에 누운 서래 엄마, 듬성듬성 난 머리에 얼굴 반이 마비되어 입가에 침이 흐른다. 그 옆 간이침대에 앉은 서래, 간호사복 위에 사복을 껴입었다. 두꺼운 책을 엄마에게 읽어 준다.

서래

(중국어로)

······다시 남쪽으로 삼백 리를 가면 호미산이라는 곳인데

이 산은 사람이 보지 않을 땐 걸어 다니다가

사람이 알아채면 그대로 주저앉아 평범한 산이 된다.

······又南三百里曰锄头之山。

其趁人不备，多行走，

而人若觉知，则就地而坐，成普通一山也。

서래 손에 들린 책. 몇 십 년 묵은 낡은 종이에, 붓으로 직접 쓴 제목 - 『山海經』. 그 아래로 '桂俸石'.
인서트 - 같은 책을 해준에게 건네주는 서래의 손.

서래

(소리)

외할아버지가 중국의 산해경을 필사했는데

뒷부분은 자기가 막 지어 냈어요.

힘들게 한마디 한마디 말하는 서래 엄마.

서래 엄마

(중국어로)

어차피 여러 세대에 걸쳐 조금씩 이어서 쓴 책에

한 명쯤 더 붙인들 뭐가 대수냐고 하셨어.

호미산은 한국에 네 외할아버지 고향의 산인데 그분 거야.

거기 가, 네 산에. 나부터 죽이고.

姥爷说过，反正这书是好几代人一点接一点写出来的，

再多个人写，也没什么大不了。

锄头山是你姥爷韩国老家的山，属于你姥爷的。

去那儿吧，去你的锄头山。不过先杀了我。

서래

(쓴웃음 지으며 중국어로)

엄마, 난 엄마를 전문적으로 돌보려고 간호사가 됐는데

엄마는, 간호사니까 전문적으로 죽여 달라고 하네?

妈，你知道我是想专业地照顾你才去当护士。

可你现在却说，就因为我是护士，所以让我专业地把你给杀了？

엄마의 간절한 눈빛을 외면하는 서래, 다른 환자들이 잠들었기 때문에 소곤소곤
목소리를 낮춰 다시 읽는다.

서래

(중국어로)

이 산은 너무 조용해서 나무 자라는 소리가 들리는데

사람이 이 나무들 사이로 들어가면 사라져서 다시 돌아오지 않는다.

其山极静谧，可闻树木生长之音。

人若入此树林之中，即消失，永不归来。

서래

(소리)

마침내 결심을 한 건, 엄마가 죽으려고 주사 바늘을 삼켰을 때.
그래서 원하던 방식으로 보내 드렸어요, 펜타닐 네 알이면 돼요.
나도 네 알 더 챙겼어요.

56. 서래 아파트 (밤)

서래

그거면 사라져서 다시 돌아오지 않을 수 있으니까.

끄덕이는 해준, 계봉석 필사본 『산해경』을 펼쳐 본다. 멋들어진 국한문 혼용체 세
로쓰기. 녹색 표지의 공책들도 펼치자 서래가 한글로만 정성껏 눌러쓴 가로쓰기
문장들이 나온다.

서래

이걸로 한국말 공부 시작했어요. 나도 막 지어내고.

해준

(싱긋 웃는 서래를 보면서 심장이 또 찌르르 하지만)

어디 뒀어요, 펜타닐?

서래가 가리키는 커피 테이블 위, 빨간 보자기에 싼 항아리가 보인다. 서래가 소파

로 가는 동안 두리번거리며 집 안 냄새를 맡는 해준, 음반장 한구석에 세워 둔 '카
발란' 위스키 병을 본다. 화병에 꽃 대신 꽃힌 까치와 까마귀 깃털 서너 개도. 서래,
쿠션을 들추더니 종이 뭉치를 꺼내 온다. 하나같이 빨간 편지봉투들. 열어 보면 또
모조리 빨간 편지지 — 흰 종이에 프린트한 문장들을 한 줄 한 줄 오려 붙였다.

서래

기도수 씨 자살이에요.

재빨리 읽는 해준. 기도수가 뇌물을 받고 부적격자들의 귀화를 도왔다는 사실을
폭로하겠다는 내용. 이 사실이 알려지면 면접관으로서의 자격과 연금을 잃고 무엇
보다 25년 근속한 공무원으로서의 명예도 잃으리라는 협박.

해준

송서래 씨는 얼마를 냈습니까?

산 좋아하는 기도수 씨한테 외할아버지 산을 준다고 했나요?

그나마도 산 소유권 재판에서 졌다면서요, 상속 여부가 불분명하다고.

서래

저는 당신들 누구보다도 이 땅에 살 자격이 있어요.

해준

그 자랑스러운 외할아버지도 서래 씨하고 피가 섞이진 않았잖아요.

서래

내 엄마의…….

흥분해서 무슨 말을 하려다 멈추는 서래, 통역기 앱을 켜더니 중국어로 빠르게 말

한다. 스마트폰을 해준 쪽으로 돌려 주자 −

남자 성우
(소리)

내 어머니의 친부모도 항일운동가였습니다.
그분들이 일본군에 의해 돌아가시자,
계봉석 씨가 내 어머니를 입양해서 키웠어요.
그런 사실이 핏줄보다 중요한 거 아니야?

해준
좋아요…….

(고개만 끄덕거리면서 좀 머뭇거리다가 서둘러 아무 말이나)

기도수 씨는 사람 얼굴을 쏘아보면서 여권에 도장 찍어 주는 일을
이십 년 넘게 했죠, 무표정하게. 친구도 하나 없었고. 왜 그런 남자를…….

말을 맺을 틈도 안 주고 서래가 또 전화기에 대고 중국어를 시작하자 기다리는 해
준. 서래, 앱을 구동한다.

남자 성우
(소리)

나의 남편은, 한여름 배의 생선 창고에 갇힌 채
열흘 동안 떠돌았던 나의 모습을 보았습니다.
나는 해골 같은 얼굴에 똥이 묻고,
미친 사람처럼 몸을 앞뒤로 흔들었습니다.
(다음부터는 한 문장씩 말하고 통역시키는 서래)

그는 그 냄새도 맡았고 내 말을 경청했습니다.

그는 나를 믿었고, 우리는 그렇게 연결되어 있었다.

당신이 밤에 누구의 집을 들여다보는지, 당신의 아내는 아나요?

당신이 다른 사람을 땅바닥에 눌러서 주먹으로 열네 번 때리는 그 모습,

당신의 아내는 봤나요?

대답 못하는 해준. 두 눈은 깊이 동요되어 있다. 코트 입은 채 땀 흘린다.

57. 회의실 – 부산출입국·외국인청 (낮)

마주 앉은 심사국장(50대 초 남자)과 해준. 국장은 서래가 보여 준 것과 같은 빨간 봉투에 든 빨간 편지들을 꺼내 놓는다.

<blockquote>
국장
먼저 이런 폭로 편지들이 왔었고요.
그 다음엔 기도수 씨가 또 이런 걸…….
</blockquote>

하늘색 봉투에 든 하늘색 편지를 내놓는다. 봉투에는 손글씨, 내용은 컴퓨터 출력. 내용 일부를 읽는 국장.

<blockquote>
국장
'부패 공무원이었다는 오명을 쓰고 살아갈 수는 없습니다.
어떤 대가를 치르든 조만간 결백을 입증하고 제 명예를 회복하겠습니다.'
(해준에게 편지를 넘겨 주며)
꼭 유서 같아서 불길하다고 생각했는데 사망 소식을 들었습니다.
</blockquote>

경찰에 알려야 했는데…… 고인의 명예를 생각해서 제가 차마……
사실 현직 계실 때 제 상사였어서…… 죄송합니다.

58. 고깃집 (밤)

고기 굽는 연기 자욱한 회식 자리. 미지가 들어와 비닐봉지를 내민다. 받아서 '카발란' 위스키 두 병과 힙 플라스크와 크레딧 카드와 영수증을 꺼내는 해준. 위스키 한 병은 미지에게 준다.

미지
잘 먹겠습니다.

부하들에게 위스키 병을 보여 주는 미지, 환호하는 부하들. 수완 혼자 취해서 앉은 채 자다가 환호성에 깬다. 비틀비틀 일어서 다가온다. 해준 바로 맞은편, 서장과 강력1팀장 사이에 비집고 앉는 수완. 서장과 1팀장, '이 자식, 또 시작이다……' 표정. 해준만 긴장한다. 연기 빼는 튜브가 얼굴을 가리니까 손으로 밀치고 ─

수완
자살, 확신하세요?

수완을 무시하고 위스키를 힙 플라스크에 따르는 해준.

서장
유서 나왔잖아.

수완

형도요, 딴 짭새들하고 똑같아요.

1팀장

뭐가?

밥상을 넘어서 해준 곁으로 가는 수완. 발에 걸려 식탁 위 빈 소주병 몇 개가 쓰러진다. 해준의 작은 금속 깔때기를 빼앗아 제 입과 해준의 귀에 대고 속삭인다.

수완

물론 엄마를 죽인 게 남편 죽인 증거는 아니죠,

근데 형 이런 말 한 적 있잖아요.

살인은 흡연과 같아서…… 처음만 어렵다.

대꾸할 시간도 안 주고 비틀비틀 술집을 뜨는 수완.

59. 심야 영업 카페 (밤)

통유리창 밖에서 들여다본 모습. 미지와 마주 앉은 해준, 아이스크림 먹는다. 미지는 취해서 존다, 아이스크림 녹는 줄도 모르고. 전화가 울리자 받는 해준. 짧은 대화 끝에 전화 끊더니 낭패한 얼굴로 일어선다.

60. 서래 아파트 (밤)

서래가 문 열어 주자 거실에 들어서는 해준, 약간 비틀댄다. 부엌 의자는 모조리 쓰러졌고 스탠드도 넘어져 전구가 깨졌다. 바닥에 널린 집기들. 화나서 얼굴이 파래진 해준. 소파에서 코 골며 자는 수완을 향해 가면서 황망하게 ㅡ

해준

미안합니다.

(수완을 깨우며)

가자.

(수완이 눈을 뜨고도 상황 파악 못하자 감정 섞인 손으로 탁탁탁 볼을 치며)

가자고, 새끼야!

수완

어, 형!

(해준이 거칠게 부축해 일으키는 동안 실내를 둘러보더니)

왜 이래, 여기?

(질질 끌려가면서 서래에게)

우리 팀장님이요, 이렇게 호구 같아 보여도 사실은 무서운 분이에요, 다음에는 서래님 꼭 잡으실 거예요. 다음 남편 죽일 땐 조심하세요.

(해준에게)

이 정도면 쉽게 말한 거 맞죠?

(밖에 나가서 소리만)

형…… 내가 진짜 존경하는데요, 딱 한 가지만 물어볼게요.
저 여자, 초밥 왜 사 준 거예요? ……아, 왜 때리는데!
형 따라서 씨발 부산까지 왔는데 나한테 왜 이러는데!

잠시 후 –

맥없이 거실 바닥에 앉은 서래. 집 안 정리를 마치는 해준, 자기 서류 가방에서 서류 봉투를 꺼내 서래에게 준다. 열어 보면 기도수의 유리 깨진 롤렉스 시계와 이어폰, 힙 플라스크, 스마트폰과 지갑 따위. 서래의 '그렇다면……?' 표정.

해준

사건 종결됐어요, 서래 씨는 더 이상 용의자가 아닙니다.

서래

기쁜가요?

해준

예? 제가 왜요?

(서래가 물끄러미 보자)

맞아요, 기뻐요.

서래

왜요?

해준

예? 뭐 그야 더 이상 우리가…….

서래

우리요?

해준

예?

서래

목 아파요, 앉아요.

해준

(어색한 침묵. 소파에 벗어 둔 유틸리티 벨트를 차면서)

저녁 먹었어요?

서래

네.

해준

아이스크림?

서래, 뜨끔해서 혀를 쏙.

61. 해준 집 (밤)

서래가 지켜보는 가운데 웍에 새우 볶음밥을 만드는 해준. 여기는 정안 집과 달리 좁고 꾸밈이 간소하다.

해준

내가 할 줄 아는 '단일한' 중국 음식이에요.

눈 흘기는 서래, 거실로 간다. 커튼이 드리워진 벽과 마주해서 책상이 놓였고 그 위에 서류와 책들, 아이패드, 헤드폰, 그리고 까마귀 깃털 하나. 책상 옆에는 프린터. 호기심 많은 서래, 책을 하나하나 살핀다. 마르틴 베크 시리즈 사이에서 초보자를 위한 중국어 교재를 발견하고 어디까지 공부했나 살펴본다. 커튼도 살짝 들춰 본다. 피투성이 사람 사진을 보고 놀라 중국어로 "깜짝이야! 吓死我啦!" 하더니 마음의 준비를 하고 활짝 연다. 현장과 부검실 사진이 가득 찬 코르크 벽.

해준

미결 사건들인데, 언제 떼야 할지 몰라서 그냥…….
'미결'은 아직 해결 못한 사건.

'미결'이라고 소리 없이 뇌는 서래, 벽에서 남편 사진을 발견한다. 전에 본 눈동자 사진이다.

서래

개미가 사람 먹어요?

해준

어, 그건 이제 떼야 하는데.
(서래 봤다가 뭘 봤다가, 볶음밥을 뒤적이며)
맨 먼저 금파리가 나타나요, 낮이건 밤이건 십 분 안에 도착해요.
피하고 분비물을 먹은 다음에 상처나 인체의 모든 구멍에 알을 낳아요.
거기서 구더기가 나오면 그걸 먹으려고 개미가 모여요.
또 그 다음엔 딱정벌레하고 말벌도. 그것들이 사람을 나눠 먹습니다.

끄덕이며 경청하는 서래. 수완이 정상에서 찍은 사진들을 이어 붙인 360도 파노라마 사진도 있는데 그중 하나에, 쪼그리고 앉아 도수의 배낭을 뒤지는 해준의 비스듬한 뒷모습.
잠시 후 –

웍 앞에 선 서래, 볶음밥을 한 숟갈 입에 넣는다. 오물오물 씹는 동안 초조하게 칭찬 기다리는 해준. 드디어 –

서래
이게 중국식이라고요?
(실망하는 해준)
맛은 좋습니다.
(안도하는 해준, 밥을 접시에 담는다)
그래서 못 자는 거예요.

해준
예?

서래
피 흘리는 사진들이 막 비명을 지르니까.

다시 벽 앞에 가는 서래, 조명을 켠다. 좌우로 젖혀진 커튼도 있겠다, 사진들이 빛을 받으니 마치 극장에서 스크린을 보는 것 같다. 볶음밥 한 접시를 벽 앞의 책상에 차려 놓고 서래 곁으로 오는 해준, 흙 속에 뒹구는 해골 사진을 가리키며 –

해준
범이는 죽은 지 한 달 만에 산에서 발견됐어요.
(녹슨 도끼를 찍은 사진 보며)
옆에는 자기 머리를 박살 낸 손도끼가 있었고 갖고 있던 이백만 원은
사라졌어요.

서래

(중국어로)

불쌍해라!

太可怜了!

안타까워 어쩔 줄 몰라 하면서 사진을 더 자세히 보려고 가까이 오는 서래. 그녀의 머리카락이 볼에 스치자 놀라며 물러나는 해준, 서운한 표정으로 보는 서래. 멋쩍어지니까 언청이 수술 흉터를 가진 남자의 사진을 짚으며 ─

해준

홍산오, 범인이 확실한데 못 찾고 있어요……. 틈만 나면 얘를 들여다보죠.

전 여친 열 몇 명을 거의 다 인터뷰하고 나니까

이젠 이놈하고 친해진 기분이에요.

잠시 후 ─

해준이 설거지하는 동안 책상에 앉아 수사 서류 들여다보는 서래.

서래

감옥 간 적 있는데요?

해준

산오요? 예, 한 번. 한 달밖에 안 살았죠.

지 여자가 딴 남자 만난다고 오해해서 그 남자를 때렸어요.

서래

죽음보다 감옥을 더 무서워하는데?

돌아보는 해준, 서래의 진지한 표정을 읽더니 고무장갑 벗고 온다.

해준

그러게……. 그런 놈이 감옥 갈 거 각오하고 사람을 때렸네……?

서래

죽을 만큼 좋아한 여자네?

서류에 붙은 '오가인'이라는 여자의 사진을 함께 본다. 머릿속에 떠오르는 질문들을 혼잣말처럼 중얼거리는 해준.

해준

죽기보다 감옥을 무서워하는 놈이 살인을? 이백만 원 때문에?

지구하고 나눠 가졌으니까 백만 원인데?

이 오가인, 먼 데 사는데? 경기도서 미용실 하는데?

게다가 결혼도 했는데?

서래

한국에서는 좋아하는 사람이 결혼했다고 좋아하기를 중단합니까?

서래를 돌아보는 해준, 눈 피하지 않는 서래. 마주치자 무안해져서 허공으로 눈길을 올리는 해준.

62. 미용실 – 경기도 (낮)

윙윙거리며 파리들이 날아다닌다. 길로 난 문이 열린다. 양복 입은 홍산오가 들어온다. 문 잠그고 초조하게 서성대다가 어쩌면 좋을지 묻는 듯 실내의 또 한 남자를 본다.

산오
아, 어떡해……. 어떡할까?

의자에 앉아 머리 감겨 주기를 기다리는 사람처럼 고개를 뒤로 젖히고 입을 벌린 시신, 부패가 상당하다. 뺨에 딱정벌레 몇 마리. 개미의 행렬이 의자 팔걸이를 타고 올라간다. 밖에서 누가 문을 흔든다, 해준의 실루엣. 가위를 집는 산오.

63. 미용실 뒷골목 (낮)

뒷문 지키는 수완, 안에서 튀어나오는 산오에게 총을 겨누려다 부딪힌다. 산오가 가위로 수완의 허벅지를 찌르고 낮은 담장 위로 도망가자마자 건물을 돌아 나타나는 해준. 수완이 바닥에 뒹굴면서 이를 악물고 던져 주는 권총을 받는 해준, 담 넘어 사라진다. 골목에 젊은 여자가 나타나 수완을 본다. 오가인이다.

64. 연립주택 (낮)

골목을 뛰어와 연립주택의 비상계단을 오르는 산오. 그러나 벌써 따라온 해준이 멀리서 봐 버렸다. 옥상까지 올라오고 보니 더 갈 곳이 없다. 산오가 우왕좌왕하는 사이 올라오는 해준. 옥상 끄트머리에 서서 해준을 보는 산오. 서로 상대 손을 본다. 해준 손에는 피 묻은 권총, 산오 손에는 피 묻은 가위. 해준, 침착해지려 침 삼킨다. 총은 내리고 평소와는 다른 말투와 표정으로 설득력 있어 보이기 위해 애쓴다.

해준

너…… 돈 때문에 범이 죽인 거 아니지, 그치? 내가 다 알아보고 왔어.
너 한 달 감옥 살 때 범이가 오가인을 건드렸어, 맞지?
니 맘 완전히 이해한다.
(동요하는 산오 눈빛을 확인하고 더 열정적으로)
나도 좋아하는 여자 있거든, 근데 그 남편이 이 여자를 때려.
나, 그 새끼 죽이고 싶어서 미치겠다.

산오

(눈물 글썽)
여자들은 왜 그런 쓰레기 같은 새끼들하고 자요?
나도 쓰레기지만.

해준

그러니까! 아니, 니가 왜 쓰레기야……. 넌 가인이 진짜 사랑하잖아!
너 가인이 때문에 다 포기한 거 아냐, 씨발…….
인생에 중요한 거 다 포기했잖…….

진정으로 상대를 이해하는 사람처럼 말하는 중에 슥 손을 올려 무슨 인사라도 하듯 총 한 발 쏘는 해준. 왼무릎에서 피가 튀면서 주저앉는 산오. 그러나 예상이라도 한 것처럼 재빨리, 좁게 벌린 가위 끝을 목의 경동맥 부위에 갖다 댄다. 쏘자마자 덤벼들려던 해준은 멈출 수밖에 없다. 이제 오히려 당황한 쪽은 해준이다.

해준

산오야……. 일단 내려가자……. 가서 형하고…….

산오

아, 됐고…… 가인이한테,

너때매 고생깨나 했지만 너 아니었으면 내 인생 공허했다,

요렇게 좀 전해 주세요.

(여자 비명에, 잠깐 고개 돌려 지상을 내려다보더니)

안 전해 주셔도 되겠네.

오른다리에 힘을 주고 벌떡 일어서는 산오. 곧이어, 해준의 눈동자가 튀어나올 듯 부풀어 오른다. 가위 오므리는 쇳소리가 과장되게 울린다.

65. 금요일 할머니 집 (낮)

싹둑. 가위로 반창고를 자르는 서래, 할머니 팔뚝의 주사 놓은 자리에 거즈를 붙인다. 작은 금붕어 어항을 머리에 인 구식 브라운관 TV로 뉴스를 보는 할머니.

아나운서

홍산오는 사귀던 여성 오 모 씨가 결혼하면서 연락을 끊자

이 년간 집요하게 수소문한 끝에 기어코 찾아내 그 남편을 살해한 후

오 모 씨와 동거 생활을 해 온 것으로 확인됐습니다.

할머니가 혀를 차자 서래, 쓴웃음 지으며 –

서래

사랑은 용맹한 행동이야.

끄덕이며 자기 말을 음미하는 서래, 덩달아 웃으며 끄덕이는 할머니.

아나운서

부산시경 강력팀에 쫓기던 홍산오는
오늘 오후 한 시 십 분경 경찰과 대치 중에 가위로 자기 목을…….

어디에 생각이 미쳤는지 웃기를 멈추고 생각하는 서래. 할머니도 그만 웃는다.

66. 고속도로 휴게소 식당 (밤)

하행선의 사람 별로 없는 휴게소에서 맛없는 커피 마시면서 블루투스 이어폰으로
통화하는 해준.

정안

(소리)

……괜찮아? 못 볼 꼴 봤잖아, 심리 상담이라도 받아 봐야 하는 거 아냐?
그런 사람을 바로 또 운전해서 집에 가라고 하고, 무슨 직장이 그래?
내가 부산 갈까?

해준

아냐 아냐, 올 필요 없어. 나 안 우울해…….

(일어서자 의자 밀리는 소리)

인제 화장실 가야겠다, 끊어.

전화 끊고 도로 앉는 해준. 어떤 남자가 냉면 먹는 모습을 본다. 입 가득 문 면다발
을 가위로 끊는다.

67. 연립주택 옥상 / 지상 (낮) – 회상

마비된 듯 고정된 해준의 핏발 선 눈동자, 땅바닥에 누워 경련하는 산오를 내려다
본다. 오가인이 앉아 제 허벅지 위에 산오의 머리를 놓는다. 오가인의 주황색 치마
에 피가 빠르게 번진다. 허공을 향한 홍산오의 두 눈. 초인종 소리 선행.

68. 해준 집 (밤)

사진 벽과 마주 서 있던 해준, 초인종 소리에 놀라 현관 쪽을 돌아본다.

해준

누구세요? ……당신?

(문구멍을 내다보고 놀라더니 잠시 망설이다가 문 연다)

무슨 일입니까?

서래

(허락도 안 받고 멋대로 들어오며)

재워 주러요.

해준

내가 독거노인입니까? 팔하고 어깨 주물러 주게요?

(사진 벽에서 홍산오 사건 관련 사진들을 떼어 내는 서래를 향해)

뭐 하는 거예요?

서래

해결되면 뗀다면서요.

(사진을 부엌으로 가져가는 서래, 가스 오븐에 넣고 망설임 없이 불을 켠다.

다시 벽 앞으로 오더니)

제 남편도 태우겠습니다.

사진들을 떼다가 자기 모습을 발견하고 자세히 본다. 월요일 할머니 간병 모습, 아파트 현관 들어가고 나가는 순간들, 신문실에서 찍은 허벅지 상처, (서래 모르게 찍은) 양손을 쫙 벌려서 허공을 손톱으로 할퀴는 모습, 시체 안치실에서 찍은 반창고 붙인 손. 서래에게 몸 붙이고 같이 들여다보는 해준. 망원렌즈로 찍은 서래 집, 어둠 속 자기 옆모습 실루엣을 가리키는 서래.

서래

이거 뭐 컴컴만 하고.

해준

그래도 예뻤어요.

빼앗으려고 사진의 한쪽 끝을 붙잡는 해준. 안 놓아 주고 버티는 서래, 결혼반지는 다시 없어졌다.

서래

어떻다고요?

(말 못하는 해준에게 느닷없이 중국어로)

중국어로 해 봐요.

试试用中文。

당황하는 해준. 게다가 둘 사이가 너무 가깝다. 콧김이 뺨에 느껴진다. 대답 안하고 눈만 반짝이며 기다리는 서래. 해준, 한숨 쉬더니 더듬더듬 중국어로 −

해준

예뻐요.

漂亮。

(한국어로 마무리)

실루엣이.

민망해 사진을 놓아 주고 마는 서래, 얼굴 빨개져서 −

서래

그럼 그건 뭐요.

해준

이거랑…… 이것도 빼죠.

(신중하게 망설이다)

이것도.

서래

(그 사진을 빼고 다른 사진을 주면서 중국어로)

이게 더 낫구만…….

明明这张更好啊……。

69. 침실 – 해준 집 (밤)

어두운 방. 심플한 싱글 침대에 누운 해준. 침대 옆에 선 서래.

서래

이제 안녕히 주무시겠습니까?

해준

글쎄요……?

서래

(방에서 나가며)

내가 방법이 있어요.

해준

방법?

서래

(소리)

미 해군이 개발한 걸 내가 발전시켰어요.

해준

나 해군 출신인데.

(의자를 가지고 돌아오는 서래, 해준 머리맡에 놓고 앉는다)

미 해군이 뭘 개발했을까……?

서래

눈 감아요.

해준

(눈 감았다가 이내 다시 뜨더니)

정말 내 심장이 갖고 싶어요? 그걸로 뭐 하게요?

무슨 소리인가 잠깐 생각하다 깨닫고 웃는 서래.

서래

마음이라고 했습니다, 심장이 아니라.

(빙긋 웃는 해준의 눈을 손으로 감겨 주며)

내 숨소리를 들어요, 내 숨에 당신 숨을 맞춰요.

몸을 기울여 해준 가까이 가는 서래, 눈 감는다. 서래의 숨소리 듣는 해준. 어느 순간 둘의 숨 쉬는 템포가 딱 맞는다.

서래

바다로 가요. 물로 들어가요. 내려가요. 점점 내려가요.

당신은 해파리예요. 눈도 코도 없어요, 생각도 없어요.

(중국어로)

기쁘지도 슬프지도 않아요. 아무 감정도 없어요.

물을 밀어내면서 오늘 있었던 일을 밀어내요, 나한테.

내가 다 가지고 갈게요, 당신한텐 이제 아무것도 없어요.

不喜也不悲，没有任何情感。

一下一下划水，把今天发生的事都划出去，推给我。

我会全部带走。现在，你就什么都没有了。

눈 뜨는 서래. 코앞에 있는 해준의 얼굴, 벌써 잠들었다.

70. 절 (아침)

일요일이지만 가랑비가 오니 경내에 승려 몇 말고는 사람이 없다. 까마귀 몇 마리가 난다. 우산을 함께 쓰고 한가로이 거닐며 여기저기 기웃거리는 해준과 서래. 서래 머리칼이 바람에 날려 얼굴에 붙자 정리해 주는 해준. 그의 손에 제 손을 얹는 서래. 굳은살을 느낀 해준, 서래의 손바닥을 들여다보면서 만진다. 서래, 부끄러운 듯 손을 빼며 –

서래

한국 여자들은 손이 참 보드랍죠?

(주머니에서 핸드크림을 꺼내는 해준, 서래 손에 정성껏 발라 준다.

쑥스러워하는 서래)

첨부터 좋았습니다, 날 책임진 형사가 품위 있어서.

해준

경찰치고는 품위 있다, 이건가요?

(고개 젓는 서래)

한국인치고는?

(고개 젓는 서래)

남자치고는?

서래

(고개 젓고)

현대인치고는.

해준

(웃음 터뜨리며)

서래 씨는 어느 시대에서 왔길래? 당나라?

왜 서래 씨는, 내가 왜 서래 씨 좋아하는지 안 물어요?

알면 자꾸 그 생각만 할까 봐? 내가 잠복하는 거 어떻게 알았어요?

'잠복', 숨어서 보는 거.

주차된 차들을 다 들여다보고 다녀요, 원래?

내가 안 보일 땐 안 보고 싶었어요?

(아리송한 미소만 띤 채 대답 안 하는 서래)

서래 씨가 나하고 같은 종족이란 거, 진작 알았어요.

남편 사진 보겠다고 했을 때. '말씀'은 싫다고.

(서래의 '아하' 표정. 서래에게 우산을 넘겨주고 풀어진 운동화 끈을 묶는 해준)

나도 언제나 똑바로 보려고 노력해요.

현장에서 시신들 보면 한 절반쯤은 눈 뜨고 있는데요,

그 눈이 마지막으로 봤을 범인을 꼭 잡아 드리겠다고 약속해요.

(무섭다는 듯 몸서리치는 서래. 일어서 우산을 되찾는 해준)

내가 정말 무서워하는 건 피 많은 현장…… 냄새 때문에.

서래

그래서 비닐봉지 갖고 다녀요? 토할까 봐?

(웃는 해준)

또 뭐 있어요?

해준의 양복 주머니에 손 넣어 브레스민트를 꺼낸다. 한 알을 입에 넣고 빨면서 또 다른 주머니들을 뒤진다. 선글라스를 꺼내서 해준에게 씌운다. 민망한 기분이 드는 해준, 태연한 척 −

해준

서래 씨는 뭐가 무서워요? 간호사니까 피는 아닐 테고…….

서래

(물티슈와 주황색 고무장갑을 꺼냈다 도로 넣으며)

높은 데.

'아~' 끄덕이는 해준. 주머니 구경에 재미 붙인 서래 − 유틸리티 벨트에 든 작은 손전등, 멀티툴, 수갑. 멀티툴을 꺼내 펴 본다. 주머니 이곳저곳에 철사 장갑, 인공 눈물과 손 세정제, 마스크…….

서래

주머니가…….

해준

열 두 개, 바지에 여섯 개. 단골집에서 맞춰 입어요.

(해준의 눈을 들여다보며 바지의 도장 주머니에 손을 넣는 서래.

너무 가까이 다가와 긴장하는 해준)

옛날에 사건 해결해 드린 적 있어서 싸게 해 줘요.

(서래가 꺼낸 것은 립밤. 제 입술에 바르더니 해준 입술에도 댄다.

쑥스러운 해준, 아무 말이나)

사건 생기면 바로 가야 되니까 휴일에도 이렇게 입어요.

휴일이라고 사람들이 살인 안 하는 건 아니잖아요.

같은 옷 계속 입는 거 아니고요, 여러 벌 있어요, 나는요…….

(두 손가락으로 입술을 잡아 봉해 버리는 서래, 립밤을 제대로 발라 준 다음 놓아준다)

……깨끗해요.

서래

(립밤을 주머니에 도로 집어넣고 해준의 가슴을 탁탁 치며)

총 없어요?

(고개 젓는 해준)

수첩은?

해준

(스마트워치 보여 주며)

녹음이 빨라요.

잠시 후 −

대웅전 처마 끝에서 떨어지는 빗물. 석가모니불 앞에 무릎 꿇은 서래, 한쪽 귀에 이어폰. 옆에 앉아 서래 표정을 살피는 해준, 그의 귀에도 이어폰 하나.

해준

(서래가 듣는 스마트워치 녹음)

책하고 공책을 나란히 펴 놓고 몇 시간이고 뭔가를 쓴다, 필사를 하나…….

스마트폰으로 뭔가를 자주 찾는 걸 보면 사전 찾으면서

번역을 하는지도…….

……또 드라마 본다. 보면서 혼잣말을 한다.

저렇게 사극으로 배워서 말을 고풍스럽게 하는가.

……저녁은 또 아이스크림.

(듣으며 픽 웃는 서래)

집 안 정리 상태나 옷차림을 보면 방문객을 기다리는 것 같지는 않다.

……우는구나. ……마침내.

서래, 불상을 보면서 주르륵 눈물 흘린다. 해준, 손수건 꺼내 준다. 서래, 손수건으로 눈물 콧물 닦더니 중국어로 −

서래

젠장.

妈的。

해준

욕인 거 압니다……. 거 부처님 앞에서, 참…….

서래

사건 해결하면 파일 지우죠?

해준이 끄덕이기가 무섭게 멋대로 파일 삭제하는 서래. 순간 당황하지만 이내 픽 웃고 마는 해준.

71. 서래 아파트 (밤)

또 볶음밥 만드는 해준. 옆에서 경단을 준비하는 서래, 밀가루 반죽 덩어리에서 먹기 알맞은 크기로 하나씩 떼어 낸다. 입에는 담배를 문 채 양손으로. 웍과 담배에서 난 연기가 자욱하다. 서래, 「안개」를 중국어 가사로 흥얼거리다가 어느 대목에서 막혔는지 새끼손가락을 입으로 쪽 빨고는 행주에 문지른 다음 전화기를 켠다. 조리대에 눕혀 놓은 채 새끼손가락만으로 비번 '150724'를 누르는 서래. 힐끔 보는 해준.

해준

어머니 돌아가신 날이네요?

(놀란 눈으로 돌아보는 서래)

사건 관련 숫자들을 외워 두면 수사에 도움 될 때 많아요.

(서래 입에서 담배를 빼서 길게 늘어진 재를 떤 다음 다시 물려 주고)

이제 종결된 사건이니까 그 숫자도 잊을게요.

미안해하는 해준을 향해 씩 웃어 주는 서래, 정훈희 노래를 재생시킨다.

72. 주방 – 정안 집 (낮)

왼쪽 귀에만 이어폰 끼고 정훈희 「안개」를 흥얼거리는 정안, 오른쪽 이어폰 끼고 설거지하는 해준의 뒤에 서서 안은 상태.

해준

어떻게 알아? 이 구닥다리 노래를.

정안

이 동네선 모르는 사람 없지, 여기 주제간데.

트윈폴리오도 부른 거 알아?

해준

그래?

휴대 전화에서 나오는 노래 따라 흥얼거리던 정안, 갑자기 의심스럽다는 듯 해준의 몸 여기저기에 코를 대고 냄새를 맡는다. 얼어붙는 해준. 정안, 무서운 얼굴로 해준의 등짝 내리친다.

정안

폈네, 폈어.

(눈만 동그랗게 뜬 해준)

담배!

해준

아, 수완이 이놈을 그냥…….

73. 침실 – 정안 집 (밤)

새벽 4시. 곤히 자는 정안을 등지고 누운 해준, 어둠 속에서 눈만 껌뻑껌뻑.

94

74. 마당 - 정안 집 (밤)

세차하는 해준. 집중 못하고 닦은 데 계속 닦다가 결국 고무장갑을 획 벗어 던진다. 서래에게 문자한다. '자요?' 답 기다리는 해준 뒤로 이층에 불이 켜진다. 마당의 해준을 내려다보는 정안의 실루엣, 해준은 못 본다. 알림음이 들리자 재빨리 확인하는 해준. '어이, 불면증. 내 차도 부탁(부탁하는 이모티콘)' 정안에게서 온 문자다. 놀라는 해준, 돌아본다. 창가에 선 정안을 향해 엄지척 해 준다. 손 흔들고 사라지는 정안, 이층 불 꺼진다. 큼직하고 더러운 정안의 차를 돌아보는 해준, 쩝. 문자 도착 알림음에 또 놀란다. 이번엔 서래. '병원. 화요일 할머니가 위독하세요ㅠㅠ' '아……' '저 보고 싶다고 하셨다는데 와 보니 의식이 없으셔서 계속 기다려요.' '저런……' 잠시 후 - '그럼 월요일 할머니는요?' '아, 걱정이에요.' '내가 가 볼까요?' '정말요?' '잠 못 자 죽어가는 형사보다 산 노인이 중하지 않겠습니까.' 'ㅋㅋ그래주신다면…… 업체엔 9시에나 연락돼요. 최대한 빨리 사람을 보내 달라고 하겠습니다.' 곧 이어 추신처럼 - '제 집 식탁에서 녹색 공책 가져가 읽어 드려요, 그거 좋아하세요^^' 한숨 쉬는 해준, 양동이의 물을 정안의 차에 확 끼얹는다.

75. 서래 아파트 (새벽)

창이 어슴푸레 밝아 온다. 비번 입력하는 소리에 이어 도어락이 열린다. 해준이 들어와 불을 켠다. 식탁 위 녹색 공책을 챙긴다. 나가려다 멈칫하는 해준, 도로 불 켠다. 거실 커피 테이블 앞으로 가 보자기 풀고 빨간 항아리의 뚜껑을 열자 흰 종이로 싼 뼛가루가 보인다. 그 위에 얹어 둔, 지퍼락에 든 청록색 캡슐 네 알. 잠시 보다 그냥 뚜껑을 닫는 해준.

76. 거실 – 월요일 할머니 집 (낮)

바퀴 침대에 누워 지긋이 눈 감은 이해동 할머니. 곁에 앉아 팔을 주무르는 해준. 옆에 엎어 놓은 녹색 공책.

할머니

남자 손이 아주 그냥…… 서래보다 더 보들보들하네.

해준

흐흐…… 서래 손엔 굳은살이 좀 있죠.

할머니

요즘 그렇드라……. 원랜 손바닥이 입술 같았는데.

망측한 표현이라 깔깔 웃는다. 따라 웃다가 서서히 찌푸리는 해준, 뭔가 맘에 걸린다. 할머니, 휴대 전화를 들고 –

할머니

시래야…… 시래야! 얘, 노래 좀 틀어 줘. 그…… 누구냐, 그 누구의 안개.
(반응 없자 마구 아무 데나 누르며)
얘가 요새 말을 안 들어.

해준

(할머니 전화를 부드럽게 가져가며)
서래 꺼하고 똑같네요?

할머니

그럼, 같이 샀으니까.

「안개」를 재생시키면서 할머니 전화기를 보는 해준. 아무렇게나 누르고 만져서 켜져 있는 앱들이 잔뜩 늘어선 상황.

해준

이런 거 너무 많이 켜 두면 안 좋아요.

앱을 하나씩 꺼 나가는데 운동앱의 '계단 오르기'를 끄려다 이상한 것을 발견한다. 지난 몇 달간의 '계단 오르기' 내용이 다른 날에는 다 0이다가 어느 월요일만 138층이다. 해준, 유심히 보며 생각한다. 할머니에게 화면을 보여 주며 —

해준

이 월요일에 서래 여기 왔었죠?

할머니

월요일이면 오지.

해준

같이 어디 가셨어요?

할머니

난 십 년 동안 집에만 있었는데? 노래 좋지?

해준

(잠시 집중해서 추리하다가)

할머니, 오늘이 무슨 요일이에요?

할머니

(뒤돌아보더니 어리둥절해져서)

할머니가 어딨다고 그래, 오빠.

(경악하는 해준을 향해 배시시 웃으며)

요일? 잘 모르겠어요.

해준

우리 해동이 착하지…….

만약에 말야, 서래가 오늘 왔으면?

할머니

월요일이요.

해준, 머리에 떠오른 생각을 스스로 감당하기 힘들어 괴롭다.

77. 장례식장 (낮)

화요일 할머니 영정 앞에 꿇어앉은 서래, 섧게 운다. 상주 완장을 찬 임호신(40대 후반)이 그녀를 관심 갖고 지켜본다.

78. 월요일 할머니 아파트 입구 (낮)

등산복으로 갈아입은 해준, 아파트 입구에 섰다. '설정'으로 들어가 '날짜 및 시간'

에서 현재 시각을 수동으로 바꾼다. 13시 6분에서 오전 6시 53분으로. 해준, 높이 달린 CCTV 카메라를 보더니 스마트워치에 대고 –

해준
송서래가 출입구 감시 카메라에 찍힌 시각에 맞추고, 출발.

인서트 – 서래가 아파트 입구 CCTV에 찍힌 사진, 미지가 보내 준 것. 시각 06:53 이 사진 하단에 찍혀 있다.

79. 월요일 할머니 아파트 뒤 / 뒷방 (낮/새벽)

밖에서 창을 통해 안을 넘겨다보는 해준. 할머니는 잔다. 테이블에는 할머니의 휴대 전화.

해준
전화를 바꿔치기해서 나오는 데 아마도 칠 분.

해준의 상상 – 할머니와 자기의 휴대 전화를 바꾸는 서래, 전화기 케이스도 바꾸어 끼운다.

해준
(소리)
뒷방 창으로 빠져나오면 감시 카메라가 없다.

80. 버스 안 / 구소산 공원 정류소 (낮/아침)

사람들 사이에 앉아 흔들흔들 가는 해준. '구소산 공원'이라고 알리는 방송 듣고 일어서는 해준, 버스에서 내릴 때는 서래.

81. 구소산 (낮)

해준, 꼭대기를 올려다본다. 스마트폰 고정하는 도구를 팔뚝에 거치하는 해준, 기도수의 유튜브 영상을 재생한다.
〈기도수TV〉 화면 – 헬멧에 액션캠을 고정시키고 혼자 찍은 화면. 도수, 등산 장비를 착용하면서 –

도수
두 가지 루트가 있습니다, 쉬운 루트와 어려운 루트.
시간은 뭐 거의 비슷하게 걸립니다. 저야 늘 어려운 루트를 오르지만
오늘은 특별히 초심자분들을 위해 쉬운 루트로 가 보겠습니다.
쉽다고는 해도 떨어지면 죽으니까 아쉬워하지 않으셔도 된다는.

제 농담에 웃는 도수.
등산 장비를 착용한 해준, 허리에 찬 초크백. 손바닥에 초크를 듬뿍 묻힌다. 스마트워치에 대고 –

해준
공팔 시 삼십오 분, 등반 시작.

송서래는 쉬운 루트를 택했을 것이다, 남편 눈에 띄면 안 되니까.

해준의 상상 – 등산 장비 착용한 서래, 초크 잔뜩 묻힌 손을 탁탁 맞부딪히며 암벽을 올려다본다. 서래의 굳은 결의.
해준, 바위에 띄엄띄엄 박힌 쇠고리를 잡고 오르기 시작한다.

도수
(소리)
경사도는 낮지만 홀드가 많지 않아서
미끄러짐을 조심해야 합니다.
(얼마 되지 않아 쇠고리 밟은 발이 미끄러지자 난감한 표정)
이런 데서 미끄러졌다고 창피해 하지는 않아도 됩니다.
원랜 비금봉을 지름봉이라고 불렀답니다,
기름 바른 듯 미끄럽다고 지름봉.

해준의 회상 – 이해동 할머니에게 녹색 표지의 서래 공책을 읽어 주는 해준.

해준
다시 동쪽으로 이백오십 리를 가면 기름산이 있는데…….

서래
(해준 입모양에 맞는 소리)
……이 산의 봉우리는 깊이 감추어져, 보려고 하지 않는 사람에겐
보이지 않는다.

열심히 기어오르는 서래, 느린 경사에 이르렀을 무렵 벨소리. 주머니에서 전화 꺼

내 받는다. 활짝 웃으며 활기차게 –

서래

네, 실장님…… 출근 잘 했어요.

해준

(소리)

공구 시, 간병인 알선 업체에서 걸려 온 확인 전화.

느린 경사 지점에서 숨을 고르며 남은 길을 올려다보는 해준.

도수

(소리)

이 대목에서 초크 한번 더 묻혀 주시고.

(시키는 대로 하는 해준)

저희 동호회에서 초심자를 위해서

볼트를 박아 뒀으니까 안전을 위해 확보줄을 꼭 걸고 올라가세요.

자, 이 구간의 시작은 크랙과 슬랩으로 이루어져 있고…….

올라가는 해준, 다음 홀드를 잡으려고 몸을 한껏 펴다가 발이 미끄러지면서 1.5미터 떨어진다. 확보줄 덕분에 더 큰 추락을 면한다.

도수

(소리)

중간 중간 믿지 못할 홀드도 있습니다.

대롱대롱 매달린 채 파랗게 질린 얼굴로 가쁜 숨 몰아쉬는 해준.

긴장했지만 침착하게 움직이는 서래. 한 손으로 홀드를 잡고 다른 손으로 다음 홀드를 잡으려 하지만 멀어서 잘 닿지 않는다. 아래를 본다. 아찔하다. 울음이 터진다.

도수

(소리)

풍경이 제법 시원~하죠?

서래

(소리)

여기 사는 구더기는 길이가 백 년 자란 소나무와 같고

뱃바닥에서 끈적끈적한 것이 나와 미끄러지지 않고 산을 오른다.

먼 홀드를 잡으려고 몸을 뻗는 서래, 벽에 몸을 밀착시키고 한 발로 점프를 해서 겨우 홀드를 잡는다.

해준

(소리)

주름이 천 개 접힌 흰 몸은 앞뒤를 분간하기 힘드나 사람들은

긴 대롱을 내미는 주둥이를 보고 어느 쪽으로 달아날지 정한다.

〈기도수TV〉 화면 – 마지막 구간을 오르는 도수, 잠시 멈춰 카메라를 보고 말하는 중.

도수

거의 다 왔습니다, 마지막 오버행이 문제라면 문젠데……

하여튼 보시면 압니다.

말러 오 번을 들으면서 출발하면, 사 악장 끝날 때쯤 도착합니다.

정상에 앉아 오 악장까지 듣고 하산하면 완벽하죠.

얼굴은 땀범벅 손은 상처투성이인 해준, 슬랩에 기대 잠시 쉬다 갑자기 고개를 갸우뚱. 방송을 정지시키고 스마트워치에 −

해준

송서래는 기도수보다 먼저 올라가 기다렸을까? 정상엔 숨을 곳이 없는데?

그럼 나중에? 그럼 송서래가 도착하기도 전에

기도수는 말러 다 듣고 하산했겠지.

(의문을 품은 채 암벽을 오르는 해준)

동시에 올랐다면? 어떻게 눈에 띄지 않을 수 있었을까?

암벽이 안으로 V자 모양으로 파진 침니에 도달한다. 사이에 몸을 집어넣는 해준, 벽에 등을 기대고 발로 맞은편 바위를 밀면서 최대한 다리를 펴고 선다. 겉에서 해준이 보이지 않는다.

똑같이 침니에 몸을 숨긴 서래, 휴대 전화 시계를 본다. 조금 떨어진 어려운 루트에 도수가 나타난다. 이어폰 낀 그의 귀에 말러 교향곡 5번의 4악장이 흐른다.

바위에 몸을 꼭 붙이고 숨죽인 해준, 스마트워치에 대고 −

해준

완벽한 은신처다, 한 시간이라도 머물 수 있을 만큼.

해준의 상상 − 이 높이를 지나 계속 올라가는 도수.

서래

(소리)

구더기가 사람을 만나면 기다란 몸으로 휘감고
대롱을 꽂아 피와 골을 빨아먹으므로 반드시 피해야 한다.

기도수TV − 마지막 오버행을 오른다. 헬멧에 달린 카메라가 철 사다리를 잡은 도
수의 양손을 보여 준다.

도수

(소리)

저 다니는 어려운 코스에 비하면 이건 뭐……
그냥 초밥 집어먹듯이 한 칸 한 칸 잡고 오르다 보면
어느새 내 몸은 정상에!

마지막 오버행. 바위를 꽉 잡고 상체를 올리는 해준. 아래로 펼쳐진 낭떠러지. 힘을
다해, 후들거리는 다리를 올린다.

해준의 상상 − 어려운 루트로 정상에 오른 도수가 앉아 땀을 식힌다. 등 뒤로 멀
리, 쉬운 루트로 올라온 서래가 고개를 빼꼼 내민다. 서래도 가까스로 마지막 무브.
몸뚱이를 정상에 올려놓는다.

도수의 배낭이 발견됐던 자리로 가는 해준, 탈진해 대자로 눕는다. 팔뚝에서 휴대
전화를 떼어 떨리는 손으로 운동 앱을 켠다. 오른 층계 − 138층. 절망감에 눈을 질
끈 감았다 뜬다. 손을 들어 바라본다. 상처와 물집, 깨진 손톱들.

서래

(소리)

한국 여자들은 손이 참 보드랍죠?

신음하며 일어나 앉는 해준, 힙 플라스크를 꺼낸다.

도수

(소리)

오전 열 시. 제가 제일 좋아하는 비금봉의 정상입니다.

해준, 위스키를 한 모금 마시다가 뒤돌아본다.
직벽의 끝에 앉아 위스키 마시는 도수, 기분 좋은 듯 눈 감고 음악에 집중하다가 인기척 느끼고 돌아본다. 차가운 결의가 담긴 얼굴로 달려오는 서래, 도수를 밀어 버린다. 도수, 허공에서 손을 휘저으며 서래를 잡으려 하지만 거칠게 깨진 손톱 끝이 그녀의 손을 스칠 뿐이다. 왼 손등에 할퀸 상처가 생긴다. 롤렉스 시계 분침이 10시 1분에서 2분으로 넘어간다. 추락하는 도수. 서래도 달려온 관성 때문에 떨어질 뻔했지만 허리에 자일을 묶어 나무와 연결해 둔 덕에 가까스로 멈춰 선다.

도수

(소리)

더러운 세상은 멀리 떨어져 있다, 이렇게 죽어도 좋다.

해준, 벼랑 끝으로 기어가 내려다본다. 바닥에 누운 도수의 시체.

해준

(소리)

그 벌레가 떨어져 죽으면 터진 머리에서

이만 마리 황금색 파리 떼가 날아올라 비로소 세상을 향해 간다.

서래

(소리)

원하던 대로 운명하셨습니다.

조용한 구소산. 바람 소리. 파리 떼 붕붕대는 소리가 점차 커지더니 −

82. 서래 아파트 (밤)

도어락 비번 누르는 소리에 이어 문 열리면 지친 모습으로 귀가하는 서래, 소파에 앉아 기다리는 해준을 보고 표정이 환해지지만 현관 바닥에 벗어 둔 해준의 등산화를 발견하자 이내 어두워진다. 당연히 해준 옆자리로 가 앉는 서래. 해준, 1인용 소파로 옮겨 가더니 팔걸이에 걸쳐 둔 등산용 바람막이에서 할머니의 전화기를 꺼내 놓는다. 생각할수록 어이없다는 듯 −

해준

높은 데 무섭다면서요? 너무 지혜로우셔서 산 싫어한다면서요?

(할머니 전화의 앱을 켜, '138층'을 보여 주며)

이게 지혜입니까?

(서래, 꿀 먹은 벙어리)

왜 그렇게 맞으면서, 무슨 가축처럼 몸에 낙인까지 찍혀 가면서도

경찰에 신고를 안 해요! 왜 경찰을 안 믿어요!

서래

중국 돌려보낸다고······.

해준

그래서 남편한테 협박 편지를 보냈어요?

회상 – 흰 종이에 프린트한 문장들을 한 줄 한 줄 잘라 빨간 편지지에 붙이는 서래.

서래

언제 와도 올 편지였어요, 뇌물 다 진짜니까.

해준

기도수가 출입국외국인청에 보낸 편지도 썼겠네요?
봉투에 적힌 주소랑 이름은 자필 맞던데, 어떻게 했어요?

서래

남편이 쓴 변명을 고치기만 했어요, 유서 느낌 좀 나게.

회상 – 거실 중간문을 닫고 말러 LP를 트는 도수. 장갑 낀 서래, 식탁에 둔 서류 가방에서 몰래 하늘색 편지 봉투를 꺼낸다. 겉에 자필로 적힌 발신인(기도수)과 수신인(출입국외국인청의 심사국장)의 주소와 이름. 봉투의 풀 붙은 뚜껑을 조심조심 여는 서래, 내용물을 미리 준비한 것과 바꿔치기한다. 다시 풀로 붙인 다음 가방에 넣는다.

해준

수완이가 폭력 썼다는 것도 사실이 아니겠네요?

회상 − 수완이 소파에 누워 잠든 사이 서래가 의자들을 넘어뜨리고 스탠드를 밀어서 깨뜨린다.

서래

(소리)

경찰이 술 먹고 여자 집에 오면, 폭력 아닌가요?

다시 현재. 제 전화기를 몰래 켜는 서래, 녹음 버튼을 누른다.

해준

사진 태우고, 내가 녹음한 파일 다 지우고…… 그것도 참 쉬웠겠네요?
좋아하는 '느낌만 좀' 내면 내가 알아서 다 도와주니까?

서래

우리 일을 그렇게 말하지 말아요.

해준

우리 일, 무슨 일이요?
내가 당신 집 앞에서 밤마다 서성인 일이요?
당신 숨소리를 들으면서 깊이 잠든 일이요?
당신을 끌어안고 행복하다고 속삭인 일이요?

('행복'을 언급해 놓고는 더 화가 나)

내가 품위 있댔죠? 품위가 어디서 나오는 줄 알아요? 자부심이에요.
난 자부심 있는 경찰이었어요. 그런데 여자에 미쳐서 수사를 망쳤죠.
나는요…… 완전히 붕괴됐어요.

(일어서)

할머니 폰 바꿔 드렸어요, 같은 기종으로. 전혀 모르고 계세요.
저 폰은 바다에 버려요, 깊은 데 빠뜨려서 아무도 못 찾게 해요.

서래, 해준이 나간 뒤에도 가만히 앉아 제 안에 들끓는 감정을 분석해 본다. 네이버 국어사전에 들어가 '붕괴'를 입력한다. '무너지고 깨어짐'이라고 풀이된다. 서래의 무너지고 깨어진 표정에서 페이드 아웃.

83. 바다 (낮)

안개 낀 바다, 화면에 '海'와 '바다'가 동시에 필기체로 적힌다. 낡고 초라한 고깃배를 띄우고 낚싯대 드리운 해준, 멍하니 찌를 본다. 휴일의 편한 복장. 살이 빠진 것 같기도 하고 늙어 버린 것 같기도 하다. 얼굴도 좀 탔다. 전화벨 울린다. 발신자 번호만 읽고도 얼굴에 화색이 돈다. 화상 통화 시작.

해준
어이, 쭈쭈! 좀 말랐네? 서울도 여기처럼 화창하냐?

하주
미안, 집에 못 가서. 합숙 훈련 빠지면 대회 못 나가.

해준
엄마한테 전화 좀 해, 말 안 해도 기다리셔.

하주
(그 거짓말에 웃다가 엄마 핑계 대는 아빠 맘 알아채고)
아빠 별일 없으세요?

해준

이포에는 강력 사건이 안 일어나.

원자력 발전소라는 워낙 강력한 위험이 있어서 그런가.

하주

엄만 원전 완전 안전하댔는데.

아빠도 외워, 엄마원전 완전안전.

해준

엄마한텐 서울이나 부산이 훨씬 위험하지.

하주

내가 볼 땐 엄마 옆이 제일 위험해.

84. 거실 – 정안 집 (저녁)

아내 '옆에' 나란히 앉은 해준. 바닥에 엄청난 양의 석류를 쌓아 놓고 손질하는 부부. 서툰 정안, 능숙한 해준.

정안

석류가 폐경 늦춰 주는 효과도 있다대?

해준

안 하면 편한 거 아니야?

정안

그렇긴 하지만…… 그래도…….

당신 오고부터 난 매일 집밥 먹고 석류 먹고 건강해지는 느낌인데
당신은 왜 이렇게 시들어 가지? 못 자서 그래?

해준

시들긴…… 석류냐?

정안

이 주임이 당신 사진 보더니 너무 달라졌다던데?
그 잘생긴 남자가 왜 이렇게 됐냐고……. 우울증 아니냐고…….

해준

걱정하는 척 하면서 멕인다는 게 그런 거구나?

정안

중년 남성 오십육 프로가 우울증 고위험군이래.
(별 반응 없는 남편의 눈치를 슬쩍 보며)
이 주임 아는 남자가 자라 진액을 먹고 그렇게 효과를 봤다는데……
남성 호르몬에.

작업을 중단하는 해준, 굳은 표정으로 가만히 아내를 본다. 눈빛을 읽는 정안, 비닐
장갑 벗고 휴대 전화 들면서 일어선다.

85. 고급 레지던스 호텔 (저녁)

커다란 손바닥으로 뺨을 철썩 맞고 쓰러지는 서래, 짧은 머리로 바뀌었다. 무릎으
로 일어서서 도망치려 하는데 험악하게 생긴 남자가 뒤에서 서래 머리칼을 움켜

쥐고 당기자 가발이 훌렁 벗겨진다. 핀을 여기저기 찔러 두피에 바짝 붙인 제 머리가 드러난다. 넘어뜨리고 몸통을 발로 차는 사철성(30대 초). 겨우 기어서 소파 근처로 도망가는 서래, 쿠션으로 머리 감싸고 몸을 웅크려 배를 보호한다. 철성, 허리 숙이고 손바닥으로 서래의 머리통을 연달아 갈긴다.

86. 거실 – 정안 집 (저녁)

설탕을 석류 단지에 붓는 해준, 나무 주걱으로 섞기 시작한다. 거실서 들리는 목소리.

정안

이 주임, 미안한데 자라 지금 취소할 수 있어?
도저히 못 먹겠대……. 응, 그래 고마워. 대신 내가 석류청 한 단지 줄게,
내일 봐.

다시 와 앉는 정안, 눈물이 글썽글썽. 기척 느끼고 돌아보는 해준, 손을 조심스럽게 정안 어깨에 얹는다.

정안

당신 이포 와 있어서 나는 행복한데…….

해준

행복해, 나도.

정안

당신은 살인도 있고 폭력도 있어야 행복하잖아.

껄껄 웃는 해준 얼굴에 들리는 중국어.

철성

(중국어 소리)

남편 어딨냐고, 이 미친년아!

你老公在哪？ 臭娘们！

87. 고급 레지던스 호텔 (저녁)

철성, 철썩 서래의 따귀를 때린다. 코피를 쓱 닦더니 노려보는 서래. 중국어로 대화하는 두 사람.

서래

나 버리고 도망갔다고, 미친놈아!

那家伙把我扔下就跑了啊, 你个王八蛋！

철성

(주변 돌아보며 명품 가방과 쇼핑백들 발로 차고 집어던지며)

이거 다 뭔데? 남편 아니면 이거 다 어떻게 사?

니들 이러구 사는 동안 우리 엄마는 차라리 죽여 달라고 날마다 우셔.

그 돈 있었으면 우리 엄마 진작 수술해서 다 나았어!

这都什么？ 要不是你老公, 你拿什么买这些？

你们他妈买买买过得逍遥，我妈天天哭着求我索性把她杀了。

要是那钱还在的话，我妈早就做了手术痊愈了！

서래

(마음 약해져)

의사는 뭐래?

医生怎么说?

철성

한 달도 못 버틴대.

说撑不过一个月了。

(이 악무는 철성)

우리 엄마 돌아가시면 네 남편 새끼는…….

我妈要是走了，你那王八蛋老公……。

말을 맺는 대신 또 서래의 따귀를 때리려고 손을 쳐드는 철성. 서래, 눈에 파란 빛이 번쩍 하더니 감추고 있던 포크를 들고 달려들어 철성의 팔뚝을 사정없이 찍는다. 비명 지르며 펄쩍 뛰는 철성. 보면 한 줄로 맺힌 선명한 핏자국 세 개. 누가 자기한테 덤볐다는 사실이 믿어지지 않는 표정으로 서래를 본다. 여기저기 터져 피 흘리는 얼굴을 들이대며 −

서래

내가 딱 십 분만 참는댔지, 네 엄마 봐서.

我告诉过你我只忍十分钟吧? 看你妈的面子。

(기가 막혀 또 손을 치켜드는 철성)

너 여자 때리고 다니는 거 엄마가 아셔? 네 별명이 뭔지 아셔?

이러라고 그렇게 힘들게 널 키우셨을까?

이혼한 화교 여자가 한국서 혼자 아이 키우고 사는 게

얼마나 좆같은 일인지 알아?

你到处打女人的事，你妈知道么？你外号叫什么，你妈知道么？

含辛茹苦把你养大，就为了让你活成这样吗？

一个华侨女人，离了婚，还自己带个小孩在韩国生活，

那日子得有多操蛋，你知道吗？

철성

(울음이 터진다)

엄마 돌아가시면 냉동실에 넣어 놓고 니 남편 죽인 다음에 장례 시작한다.

我妈要是走了，先放冷柜存着，

等我把你丈夫杀了再给我妈下葬。

질질 짜면서도 명품 쇼핑백들은 싹 챙겨서 나가는 철성. 풀썩 주저앉는 서래. 경찰
차 사이렌 소리 선행.

88. 자라 양식장 (밤)

자욱한 안개. 비닐하우스 주위로 폴리스 라인이 쳐졌고 그 앞에 경광등 켠 경찰차.
경찰 몇이 손전등 들고 주변을 뒤진다. 사이렌 울리며 도착하는 경찰차도 있다.

89. 비닐하우스 - 자라 양식장 (밤)

사이렌 소리와 경광등 빛이 성가시게 파고든다. 우는 할머니 달래며 진술 듣는 여자 형사 여연수 경사(30대 초). 꾸민다고 꾸몄지만 어쩔 수 없이 투박한 차림새.

자라 할머니
어떻게 키운 새끼들인데……. 자식보다 더 귀하게 키웠는데…….

연수
저희 팀장님이 엄청난 실력자시거든요? 뉴스에도 나오신 분이니까…….
(안에 들어서는 해준 보며 얼굴 환해지더니 쪼르르 달려가 심각한 얼굴로)
도난품은 자라 쉰여덟 마린데요……. 피해액이 얼마나 될까요?

자라 소리를 듣고 약간 찡그리고 있던 해준, '피해액을 내가 어떻게 아냐'는 표정으로 연수를 본다.

자라 할머니
(소리)
시가 삼백만 원 이상이야.

연수
예에? 할머니, 뭐가 그렇게 비싸?

놀라서 돌아보면 할머니, 언제 울었냐는 듯 빤히 바라본다. 우울하게 목소리로 보충 설명하는 해준.

해준

중년 남성 우울증에 좋대.

연수

우와, 역시! 어떻게 그런 걸 다 아십니까?

해준

나가서 사이렌하고 경광등 좀 끄라고 해.

연수, 나간다. 기대에 찬 눈으로 해준을 꾸준히 바라보는 할머니. 괜히 주변을 둘러보는 해준.

90. 고급 레지던스 호텔 (밤)

흐트러진 자세로 소파에 비스듬히 누운 서래, '시마스시' 도시락을 먹으며 멍하니 TV 드라마 〈적색비상〉을 본다. 멍든 얼굴에, 핀들을 다 뽑은 채 엉클어진 머리.
TV 화면 – 원자력 발전소 컨트롤 룸. 연기가 자욱하고 깜빡이는 경보등 때문에 온통 시뻘건 화면. 천장에서 먼지와 콘크리트 덩어리가 떨어진다. 젊은 여성 지민이 쓰러져 있다. 소방관 고빈이 달려와 무릎을 꿇고 지민을 안는다. 지민, 눈 뜨며 –

지민

바보같이…… 오지 말랬잖아요…….
오면 죽는다고, 오지 말랬잖아요…….

방독면을 씌워 주는 고빈을 보면서 서래, 동시에 중얼거린다.

고빈/서래

당신 만날 방법이 오로지 이거밖에 없는데 어떡해요…….

주제가가 시작된다. 테이블의 휴대 전화 두 개 중 하나가 울린다. 발신자 이름 없이
전화번호만 표시된 화면. 전화 받는다.

호신

(소리)

얼른 짐 싸!

서래

번호 또 바꿨어?

호신

(소리)

빨리 움직여! 철썩이가 너 있는 데 알아냈다고!

(심드렁하게 초밥 먹는 서래, 전화로 제 엉망진창 얼굴을 찍어 보낸다)

그리구 다음 주쯤 중국 사람들 좀 만나 줘, 그 사람들 당신 좋아하잖아.

중국 쪽 안 뚫리면 나 정말 힘들어져.

어, 뭐 왔다……. 어?

(서래가 방금 보낸 사진을 보았는지 한숨을 푹푹 쉬며)

어후…… 아…… 이 씨…… 벌써 다녀갔구나…….

에효…… 누구 만날 얼굴이 아니네.

또 다친 데 없어, 몸에? 많이 아팠지? 미안해……. 사랑해…….

우리 사이 괜찮은 거지?

서래

사이는 됐고, 이사나 가자.

호신

(소리)

그래야지, 거긴 철썩이가 알아 버렸으니.

어디 가지?

91. 3층 복도 – 이포 경찰서 (낮)

서래가 누구를 찾는 듯 이 방 저 방 기웃거리며 걷다 결국 포기하고 계단 벽에 기대 선다. 소화전의 붉은 램프가 눈에 띈다.

92. 여자 화장실 (낮)

청소 도구 넣어 두는 커다란 녹색 플라스틱 양동이를 엎어 놓고 올라선 서래, 화재 경보기 아래 라이터를 갖다 댄다.

93. 중정 (낮)

사이렌 울리는 중. 웅성거리며 건물을 보는 사람들. 용의자에게 수갑 채워 나온 경관도 있다. 해준과 연수만 동떨어졌다.

경찰1

저거 연기지?

경찰2

안갠지 연긴지…….

사이렌 종료. 투덜거리며 들어가는 사람들. 어떤 이들은 "나온 김에……." 라고 중얼거리며 담배를 꺼낸다.

94. 3층 복도 (낮)

서래, 중정을 내려다본다. 안개가 자욱해서 사람들 식별이 쉽지 않은데도 끝내 해준을 찾아낸다. 눈을 가늘게 하고 탐욕스럽게 관찰한다, 옆에서 담배 피우는 연수도. 스마트워치에 대고 중국어로 녹음하는 서래. 자막 – '구두 신었네?'

95. 중정 (낮)

입에 담배 물고 주머니 뒤지는 남자 형사에게 불을 붙여 주려고 먼저 다가가는 연수, 그러나 일부러 더 멀리 있는 다른 사람에게 가 불 빌리는 남자 형사. 이런 일에 익숙한 연수, 갑자기 관심을 해준에게 돌려 –

연수

사람들 말이, 우울증 걸려 가지고 일루 오셨다고…….

범인 자살하는 거 못 막아서.

(해준이 휙 고개 돌려 저를 보자 기어들어가는 소리로)

하지만 이제 완쾌하셨다고…….

해준

근데 왜 아직도 우울해 보이냐?

(연수, 끄덕. 해준, 먼 산 보며 무성의하게)

못 자서 그래, 못 자서.

연수

담배도 안 태우면서 왜 안 들어가십니까?

왕따라고 배려해 주십니까?

딴 데 정신 팔려 상대 말을 안 듣는 해준, 3층에서 뭔가 본 것 같은 기분이 든다. 눈 가늘게 뜨고 3층 창을 주시한다.

96. 침실 / 테라스 – 펜션 (밤)

파자마 차림의 서래, 침대 머리판에 등 기대고 누워 담배 피우며 생각에 잠겼다. 이 닦으면서 욕실에서 나오는 호신.

호신

아, 좀 나가서 피우라고…….

(서래가 나가자 뒤에 대고 큰 소리로)

사랑해!

롱패딩만 걸치고 테라스로 나오는 서래, 담배 연기 뿜으면서 통유리창 너머로 남편을 물끄러미 본다.

밖이 어두워 거울이 되어 버린 창 앞에 선 호신, 제 몸을 이리저리 구석구석 보아 가며 이 닦는다. 멀리 어렴풋이 보이는 서래, 스마트워치를 입에 대고 뭐라고 말한다. 창에 막혀 들리지는 않는다.

97. 수면 클리닉 (낮)

의사와 마주 앉아 상담 중인 해준. 옆에 앉은 정안이 더 경청한다.

의사
……막 범인 놓치고 뭐 그런 스트레스 요인들이
수면 장애로 나타나는 거예요.
우선 할 수 있는 건 런치 전에 삼십 분간 일광욕인데요.
옷은 입어도 되는데 반드시 눈은 뜨고…….

정안
선생님.
(말 끊는 보호자에게 놀란 의사)
이포에 개업한 지 얼마 안 되셨죠?
(의사가 어버버 하는데)
여긴 아침에 해 없어요, 안개 때문에.

의사
(입술 깨물고 생각 좀 해 보더니)

여기두 물은 나오죠?

취침 전에 족욕하시고, 도파민 처방해 드릴 테니까 드셔 보세요.

그래도 효과가 없으면 여기 와서 하룻밤 주무시면서 정밀 검사…….

98. 어물전 – 재래시장 (밤)

주인에게 질문하는 해준은 진지하고 아무 생선이나 만지작거리는 정안은 그저 행복하다. 깨끗한 왼손으로 해준의 재킷 어느 주머니에 찾는 물건이 들었나 여기저기 만지고 손 넣어 본다. 기다려 주는 해준, 무심코 눈 돌렸다가 저 앞에 남자와 함께 걸어오는 서래를 발견한다. 남편 몸의 경직을 느끼고 그의 시선을 따르는 정안. 고급 옷에 보석을 착용하고 화장한 서래, 해준을 보고 당황하지만 그 부부가 다정한 것을 보고 재빨리 호신의 손 찾아 잡는다. 두 부부 사이 거리가 점점 가까워진다.

해준

여긴…….

서래

(상대가 말 시작하자마자 거의 동시에)

이사 왔어요.

해준

(신경질적으로 톤이 높아져)

왜요?

(세 사람이 일제히 자기에게 시선을 집중하자 얼버무리려)

이 동네 뭐 볼 거 있다고…….

서래

안개 좋아해요.

(의아한 눈으로 서래와 해준을 번갈아 보는 정안에게 목례하며)

송서래입니다, 중국인이라 한국말이 부족합니다.

(궁금해 죽겠는 호신에게)

여보, 그 형사님이셔, 나 의심했던.

'여보'에 마음 무너지는 해준. 남편 옷 주머니에서 마침내 물티슈를 찾아 꺼내면서 그의 안색을 살피는 정안. 표정 굳은 서래와 눈 마주치고 난처해지는 해준. 호신은 얘기 많이 들었다는 듯 해준 향해 손 내밀며 ─

호신

아…… 제가 그 다음 남편입니다, 임호신입니다.

해준

(마주 잡으며)

장해준입니다.

호신

이포엔 어쩐 일로……?

해준

저도 이사 왔습니다, 와이프 직장 있는 데로.

정안

안정안이에요.

(물티슈로 오른손을 꼼꼼히 닦고 서래에게 악수 청한다)

안개는 사람들이 여길 떠나게 하는 이유지, 오게 하는 이유는 아닌데.
이 동네 곰팡이를 겪어 보셔야…….

"……정신을 차리시지." 라는 말을 그냥 삼키는 정안. 억지 미소를 지으면서 악수
하는 두 여자. 남몰래 한숨 쉬는 해준. 손가락 관절을 우두둑 꺾는 호신. 네 사람의
손 클로즈업이 빠르게 이어진다 – 네 개의 결혼반지.

호신
사실은 여기 원전 때문에 왔습니다.

이번엔 정안이 놀랄 차례.

정안
예? 왜요?

호신
〈적색비상〉이라고, 고빈이 원전 사고 수습하는 드라마 있잖아요?
그 촬영지 보겠다고 중국 여자들이 무지하게 오는데
이 사람이 관광가이둡니다.

정안
그걸로 돈벌이 하신다는데 이런 말씀 좀 뭣하지만
그렇게 근거 없이 원전 공포 팔아먹는 드라마는 저희로선 참 곤란해요.

해준
이 사람 직장이거든요, 이런 문제에 좀 예민합니다.
사실 원전완전안전하거든요, 하하…….

호신

아, 그러세요……. 어쨌든 두 여성분이 같은 직장이라고 볼 수 있겠네요,
하하하.

웃으면서 곁눈질로 해준을 살피는 호신, 아무도 안 웃지만 전혀 개의치 않는다. 물
끄러미 보던 정안, 드디어 생각났다는 듯 −

정안

주식 티브이 나오셨죠?

호신

그렇죠, 주식 애널리스트. 항문 좋아하는 애널리스트 아니고요.

역시 아무도 웃지 않는다. 또 손가락 관절 꺾는 호신, 버릇인가 보다. 어색한 정적
이 불편한 정안, 괜히 한마디.

정안

티비보다 젊어 보이시네요.

호신

동안 비결은 매일 아침 수영이고요…….
(자기 명함 내밀며)
투자 비결이 궁금하시면 언제든 전화 주십쇼.

정안

제 명함은 평범해요.

호신과 정안이 명함 주고받으며 대화하는 동안 서래와 해준, 마주 본다. 서래의 짧은 머리를 유심히 보는 해준, 가발이 신경 쓰여 손으로 머리를 쓸어 정리하는 서래. 반대로 해준은 구두를 향한 서래 시선을 의식하고 —

해준

여기선 뭘 일이 없어서요.

끄덕이는 서래. 호신의 말을 듣는 척하지만 정안의 관심은 서래에게. 정안에게 말하면서 해준을 힐끔거리는 호신.

99. 화장실 – 정안 집 (밤)

팬티 바람으로 변기에 앉은 해준, 전화기로 기사 읽으면서 양동이 물에 족욕 중. 거품 목욕하는 정안, 눈 감고 나른하게 —

정안

이쁘데, 그 여자?

해준

으음 뭐…… 그 녹색 옷은 이쁘더라.

정안

파랑 아녔어?

해준

거기 불빛 땜에 그랬나……. 그러거나 말거나.

정안

남편이 죽어서 혼자된 중국인 아내……. 내가 그 사건 들었던가?
조선족 아내가 자살해서 혼자된 늙은 남편 얘기는 들었는데.

해준

있었지, 그런 사건.

전화기에서 눈 떼지 않고 대답하는 해준. 눈 뜨고 남편 관찰하는 정안.

정안

결국 남편이 범인이었나?

해준

아니, 내가 괜한 사람을 의심했더라고.

정안

아까 그 여자도 의심했다며.

해준

응, 근데 남편이 자살했더라고.

정안

괜한 사람 의심 많이 하네, 당신?

해준

그러니까 사람들이 우리를 싫어하지.

정안

우리?

정안을 돌아보는 해준.

해준
경찰.

거실 소파에 벗어 놓은 정안의 겉옷과 속옷들, 그 위에 둔 휴대 전화가 진동하지만 아무도 못 듣는다. 저장되지 않은 번호.

100. 이포대교 (밤)

찬바람 맞으며 휴대 전화를 귀에 대고 있는 호신, 상대가 받지 않자 신경질적으로 끊는다. 빠른 페이드 아웃.

101. 입원실 – 병원 (낮)

반짝이는 크리스마스트리, 협탁 위 꽃병에 빨간 장미 다발. (우리가 처음 보는) 할머니의 다리를 주무르는 서래. 할머니 발가락 3개가 잘려 나가고 없다. 철성에게 맞을 때 썼던 가발을 또 쓴 서래. 따뜻한 미소, 열심히 마사지하는 손.

102. 주방 – 정안 집 (낮)

식사 준비하는 해준의 손, 새끼 방어의 배를 가르고 내장을 꺼낸다. 휴대 전화가 울려 들여다보면 발신인은 '여연수 경사'.

해준

여보, 전화 좀.

양손에 피가 묻어 못 받는다고 몸짓하는 해준, 아내가 통화하는 사이 생선 손질을
더 한다. 잠시 후 −

정안

여보.

(돌아보는 해준)

축하해, 살인 사건이래.

103. 펜션 (낮)

운동화에 비닐 커버를 씌우는 해준, 빠른 걸음으로 현관에 들어선다. 그 옆을 따라
걸으며 브리핑하는 연수. 둘은 넓고 쾌적한 거실을 통과해 테라스로 나간다. 여기
는 풀빌라 형태의 펜션이다.

연수

사망 추정 시각 십일 시, 스물한 군데 찔렸습니다.
최초 발견자는 부인인데, 데려올까요?

옥외 수영장의 계단에 앉은 남자의 뒤통수. 탁 트인 바다를 보는 것 같다. 분주한

감식반원들을 피해 가며 수영장을 빙 도는 해준, 수영복 입은 시체의 정면을 보고 선다. 윗입술이 말려 올라간 이상한 표정이지만 분명히 이틀 전에 만난 임호신이 다. 해준 가슴 속에서 뭔가가 무너진다. 손가락 관절을 우두둑 꺾는 해준, 호신의 왼손을 본다. 서래의 첫 남편이 쓰던 롤렉스를 찼다, 물론 유리는 새 것으로 바뀌 었지만. 해준, 우선 인공 눈물을 꺼내 제 눈에 넣은 다음 고인의 뜬 눈을 마주 본다. 냉정한 얼굴로 관찰하는 해준, 약간 고개 갸우뚱하며 '그럴 리가 없는데⋯⋯' 표정. 손목시계를 세 번 탭하고 −

해준
범인이⋯⋯ 왼손잡이⋯⋯.
(스마트워치가 아니라는 사실을 깨닫고 연수에게)
적어.

연수
(수첩에 '왼손잡이'라고 적으며)
어떻게, 피가 이거⋯⋯ 이렇게 찔렸는데 이렇게 깨끗하네요?
이런 현장 보셨습니까?

해준
송서래 어딨냐?

연수
예?

해준
부인 말야.

연수, 해변을 가리킨다. 안개 낀 바다를 향해 선 여자의 뒷모습이 조그맣고 희미하게 내려다보인다.

104. 펜션 앞 바닷가 (낮)

분노로 이글거리는 해준, 삐죽삐죽한 바위 위를 위태롭게 걷는다. 해무에 가려 어렴풋하게 보이는 뒷모습 − 서래, 스마트워치에 대고 중국어로 뭔가 말하고 있다. 감시하고 있던 순경 지혁에게 가 보라고 손짓하는 해준. 서래가 돌아본다. 창백한 안색, 습기 때문에 얼굴에 달라붙은 (진짜) 머리카락, 눈에는 눈물이 가득. 해준은 그녀가 끔찍하다, 무시무시한 살인범임을 확신하는데도 너무나 사랑스러워서. 감정을 꾹꾹 누르며 −

> **해준**
> 이럴려구 이포에 왔어요?
> 여기서 죽이면 내가 또 눈감아 줄 것 같아서?
> 내가 그렇게 만만합니까?

> **서래**
> 내가 그렇게 나쁩니까?

서래 눈을 들여다보다 못 견디고 감아 버리는 해준. 운동화로 갈아 신은 해준의 발을 내려다보는 서래. 잠시 후 마음 단단히 먹고 눈 뜨는 해준.

> **해준**
> 송서래 씨 잘 들으세요.

이번 알리바이는요, 차돌처럼 단단해야 할 겁니다.

홱 몸을 돌려 펜션으로 돌아가는 해준의 뒷모습을 가만히 바라보는 서래.

105. 침실 (낮)

빠른 손길로 화장대와 옷장을 뒤지는 해준과 연수.

해준

배수관이나 환기 장치까지 샅샅이들 뒤지라고 해.
부인이 범인이라면 흉기를 집 안에 감췄을 확률이 커.

연수

부인이 범인이라고 생각하십니까? 왜죠?
침입 흔적과 도난 물품과 결박흔이 없어서?
정면에서 충동적으로 찔렀으니까
면식범에 의한 원한 관계 살인으로 보여서?
부인이 별로 놀라거나 슬퍼하는 거 같지 않아서?

해준

그거는 사람마다 슬픔이 파도처럼…….
(반사적으로 '물에 잉크가 퍼지듯이…….' 얘기를 하려다 말고)
넌 왜 나한테만 그렇게 의문문을 남발하니? 딴 사람한텐 안 그러면서.
(얼굴 벌게져서 입 꾹 다무는 연수)
사건으로 만났던 여자야, 작년 부산에서. 그때도 남편이 죽었어.

연수

저분이 죽였어요?

……저분이 범인이었나 하는 질문이 갑자기 생각나가지구…….

해준

자살로 종결됐는데 여기서 또 남편이 죽은 거야, 내 관할에서.

연수

저분, 오른손잡인데요.

해준

그러니까 생각을 해야지, 어떻게 해서 저 여자가 범인인지.

'무슨 억지지……?', 해준을 바라보는 연수. 인기척을 느끼고 돌아보는 해준, 침실 앞 복도에서 서래가 이쪽을 들여다보고 섰다. 다 들었다. 해준이 무안해하거나 말거나 무표정으로 천천히 팔을 들어 옷장을 가리키는 서래.

서래

경찰서 가자는데…… 핸드백 좀 꺼내도 될까요?

106. 신문실 / 탕비실 - 이포 경찰서 (밤)

급조된 티가 역력한 신문실. 버릇처럼 탁자 위 집기들을 정리하며 질문하는 해준.

해준

산책하다 만난 사람은 없어요?

서래

네.

해준

감시 카메라 없고 사람 안 다니는 길로만…….
전화기 두고 나와서 위치 추적도 안 되고.
알리바이를 입증할 길이 없네요?

서래

그러네요.

해준

별로 걱정 안 되시나 봐요?
(서래, '그럼 뭐 어쩌겠냐' 표정)
남편이 누구한테 원한 산 일 없습니까?
남의 돈으로 투자 많이 하셨다던데.

서래

요즘 손실이 좀…….

해준

그런 상황에 고급 펜션에 사시고.

서래

돈 쓰는 걸 보여야 돈이 모인대요.

해준

(답답하다는 듯 약간 톤이 올라가서)
왜 그런 남자하고 결혼했습니까?

서래

(눈에 힘주고 똑바로 보면서)

다른 남자하고 헤어질 결심을 하려고, 했습니다.

해준

(시선 회피)

이포엔 무슨 연고가 있어서 오셨나요?

서래

연고가 없어서 왔습니다. 있으면 빚쟁이가 찾아내죠.

해준

사랑이 아닌 이유로 선택한 남편이고,

그 남편이 여기저기서 협박을 받고, 그러다 죽고.

(부산에서와 비슷하게 탁자의 사각 쟁반에 단정하게 놓인

티슈와 물주전자와 머그컵과 텀블러를 응시하는 서래)

작년하고 똑같네요?

서래

(눈 동그래져)

예? 그 남편은 자살이고 이 남편은 피살인데요?

'이 여자를 이길 순 없나 보다.' 한숨 쉬는 해준, 그래도 다시 힘을 내 —

해준

좋아요⋯⋯. 두 남편이 한 형사의 관할 지역,

그것도 멀리 떨어진 관할 지역에서 자살하거나 살해됐어요.

누가 이렇게 됐단 얘길 들었다면 난 이럴 거 같아요.

"거, 참 공교롭네……."

송서래 씨는 뭐라고 할 것 같아요?

서래

(더 이상 담담할 수 없게)

참 불쌍한 여자네.

탕비실에 임시로 설치된 모니터로 지켜보던 연수, 픽 웃는다.

지혁이 비닐봉지를 갖고 들어와 탁자에 놓는다. 음식 냄새를 맡은 서래, 기대에 차서 이번엔 뭘 먹으려나 살핀다. 지혁이 삼각김밥과 떡볶이를 늘어놓자 그만 실망해서 해준을 보는 서래. 그답지 않게 지혁에게 고맙다는 인사도 않는 해준, 음식에도 아무 관심 없다. 휴대 전화로 서래 얼굴을 갑자기 찍는다.

107. 해녀불턱 민박 (밤)

젊은 커플이 마루에 걸터앉아 — 전 씬에서 해준이 찍은 — 서래 사진을 들여다본다. 해준과 연수가 마당에 서서 기다린다. 연신 기침하는 젊은 남자.

젊은 여자

옷은 이거 아니고 파란 원피스였어요, 코트도 없이.

목책 넘어서 해녀불턱까지 내려가더라구요.

추운데, 위험한데, 왜 저러나 그랬죠.

해준

파랑 맞아요? 녹색 아니고?

확실하다는 듯 끄덕이는 젊은 여자.

연수

혹시 사진 찍은 거 없으세요?

각자의 휴대 전화 열어 보는 젊은 커플. 해준, 젊은 남자가 너무 콜록거려 신경 쓰인다. 여자의 전화에서, 목책에 기대어 바다 배경으로 찍은 셀피를 발견한다. 커플 너머로 청록색 원피스 입은 여인의 옆모습이 조그맣게 보인다. 확대. 얼굴은 흐릿하지만 실루엣이 영락없는 서래다. 오른팔을 앞으로 내민 상태에서 정지. 찍힌 시각은 오전 11시 8분.

연수

사망 시각이네. 그럼 송서래 알리바이 확인된 거죠?

해준

이 사람이 송서래가 맞다면.

연수

에? 이거 빼박인데요?
(고집스레 입을 꾹 다물고 인정하지 않는 해준)
뭐 하는 걸까요?

젊은 커플과 연수가 동시에 팔을 뻗으면서 사진 속 여인의 자세를 흉내 낸다.

108. 현관 / 거실 – 펜션 (밤)

팔을 뻗어 초인종을 누르는 해준. 현관문을 여는 서래, 반갑고 떨리는 눈빛. 그럴수록 공격적이 되는 해준.

해준

진짜, 이 동네에 왜 왔어요?

서래

왜 자꾸 물어요? 내가 여기 왜 왔는지 그게 중요해요, 당신한테?

(서래가 듣고 싶은 답을 주고 싶지 않은 해준, 쓱 들어와 돌아다닌다.

서래, 졸졸 따라다니며)

그게 왜 중요한데요?

(아무리 따라다녀도 답해 주지 않자)

당신 만날 방법이 오로지 이거밖에 없는데 어떡해요!

해준

(못 들은 사람처럼 바쁘게 행동한다)

해녀불턱 산책할 때 무슨 옷 입었어요?

서래

(제 몸을 가리키며)

이거요.

해준

거짓말. 청록색 원피스 어딨어요?

녹색으로 보였다 파랑으로 보였다 하는 거.

시장에서 만났을 때 입었잖아요, 반짝이는 단추 달리고.

서래

(눈 반짝이며)

자세히도 봤네요?

해준

샅샅이 뒤졌는데…….

성큼성큼 다용도실로 가 세탁기까지 열어 본다.

109. 컨트롤 룸 – 원자력 발전소 (밤)

계기반과 모니터로 둘러싸인 거대한 공간. 교대하러 출근하는 동료, 퇴근 준비하는 정안의 책상에 신문을 툭 던지며 –

동료

봤어? 와 우리 동네, 살인 사건도 나고……. 빨리 화장실만.

동료가 도로 나가자 여자 부하 직원이 돌아보며 정안에게 –

부하직원

저 양반, 꼭 오 분 지각하면서 화장실은…….

동료가 놓고 간 지역 신문을 슬쩍 보는 정안. 헤드라인 – '이포 살인 사건'이 눈에 띈다. 집어 들어 읽는다. '유명 주식 애널리스트 임호신이 이포시의 한 펜션에서 살해된 채 발견됐다.' 정안, 눈이 번쩍 뜨인다.

110. 수영장 (밤/낮)

폴리스 라인 들추고 수영장 구역으로 가 둘러보는 해준, 구석에 놓인 바비큐 그릴의 뚜껑을 연다. 잿더미를 집게로 뒤적여 청록색 섬유 몇 올과 그을린 큐빅 몇 개를 찾아낸다. 멀티툴의 펜치로 집어 서래에게 보여 준 다음 증거물 봉투에 넣는 해준. 루미놀액 스프레이를 꺼내 바비큐 그릴 손잡이와 뚜껑, 불판에 뿌린다. 우두커니 바라보는 서래.

해준

피 묻은 데를 알려 주는 약입니다.

해준, 야외 조명을 끈다. 뿌린 데마다 발광하는 루미놀.
이 순간 재빨리 도입되는 서래의 회상, 이미지들의 연쇄.
엎드린 채 물에 둥둥 뜬 호신. 물은 온통 빨간색. 코 막고 서서 그 광경을 보는 서래.
원피스의 청록색이 햇빛 아래서 거의 파랑으로 보인다.

서래

(소리)

산책하고 왔더니 피 냄새가 지독해서 당신 생각났어요.

당신이 와서 이걸 볼 텐데, 당신이 무서워할 텐데.

현재. 해준, 상상도 못 했던 말을 들어 몹시 당혹스럽다.

수영장 물을 빼는 서래, 드러난 수영장 바닥에 엎어진 호신의 시체를 그대로 둔 채 호스로 물청소.

수영장 계단에 호신의 시체를 앉혀 놓는 서래, 호스로 호신의 몸을 깨끗하게 씻긴다. 이때만 해도 시신은 눈 감은 상태.

바닥을 걸레로 박박 닦는 서래, 문득 이상한 기척을 느끼고 돌아보면 호신의 두 눈꺼풀이 천천히 올라간다. 놀랐다가 사후 강직의 한 현상으로 이해하고 진정한다.

서래, 피와 물로 젖은 원피스를 벗어 바비큐 그릴에 넣고 태운다.

슬픈 얼굴로 서래의 이야기를 듣고 선 해준.

해준

송서래 씨, 당신은 방금 살인 사건의 중요 증거를 없앴다는 사실을
인정했어요.
임호신 살인 사건의 용의자로 긴급 체포합니다.

서래

(사태의 심각성을 잘 파악 못 한 듯)
삼 일 있다 관광 가이드 일이 있는데 그때까진 풀려날까요?

어이없어 하는 해준. 체포 처음 해 보는 형사처럼 '다음 절차는 뭐더라……?' 생각하다, 수갑을 꺼내면서 한 발짝 다가간다. 수갑에 충격을 받았지만 순순히 손 내미는 서래. 과잉 행동이란 생각이 드는지 수갑을 도로 넣는 해준의 어색한 동작.

111. 유치장 – 이포 경찰서 (낮)

철창 너머로 보이는 서래. 시간 보려고 왼손을 들었다가 시계가 없다는 것을 깨닫고 힘없이 내린다.

서래
(소리)
경찰이 남편 피를 밟고 다니는 게 싫었어요.

112. 강력팀 사무실 (낮)

해준의 책상에 놓인 랩톱에 재생되는 서래의 신문 영상을 보는 해준과 연수. 재생을 멈추는 해준.

해준
믿어져?

연수
칠십대 할머니가 있었는데요, 나갔다 와 보니까 남편이 죽어 있는 거예요.
온 방에 피를 토하고. 할머니가 피 다 닦고,
하는 김에 아예 대청소까지 하고
할아버지 씻기고 때때옷 입혀서 곱게 눕혀 놓은 담에
경찰 부르셨더라구요?

원통형 나무 필통에 꽂힌 까마귀 깃털을 빼 들고 손장난하는 연수. 연수의 말도 행동도 다 마음에 들지 않아 뚱해서 정지 화면을 응시하던 해준, 탁자에 단정하게 올린 서래의 손목을 지목한다.

해준

저 스마트워치 우리가 갖고 있지? 음성 파일 풀어.

중국어로 녹음했을 테니까 번역자 붙이고.

해준, 까마귀 깃털을 슬쩍 빼앗아 필통에 도로 꽂아 놓는다.

113. 수면 클리닉 (밤)

몸 여기저기 전극을 붙이고 누운 해준, 천장의 CCTV 카메라를 응시한다. 모니터 룸에서는 의사가 해준을 지켜보고.

조사관

(선행하는 소리)

당신은 남성입니까?

114. 검사실 – 경찰청 (낮)

몸 여기저기 폴리그래프 센서를 붙이고 조사관과 마주 앉은 서래.

서래

아니요.

조사관이 보는 그래프에 평탄하게 그려지는 서래의 신체 반응.

조사관

당신은 사람을 죽인 적이 있습니까?

115. 관찰실 – 경찰청 (낮)

관찰실에서 서래를 바라보는 해준.

서래

(소리)

네.

116. 검사실 – 경찰청 (낮)

조금 놀라며 그래프로 시선을 옮기는 조사관, 평탄하게 그려지는 서래의 반응에
더 놀란다. 질문을 이어간다.

조사관

당신은 남편 임호신을 죽였습니까?

서래

아니요.

또다시 평탄한 라인.

117. 경찰청 앞 (낮)

따뜻한 햇빛을 받으며 넓은 계단을 내려오는 해준과 서래. 손잡은 연인처럼 보이지만 수갑 위에 코트를 덮었을 뿐.

118. 경찰차 안 (낮)

뒷자리에 나란히 앉아 가는 해준과 서래. 둘의 손은 하나의 수갑으로 연결됐다.

서래

잠은 좀 잡니까?

해준

병원서 검사했는데 내가 한 시간에 마흔일곱 번 깬대요. 믿어져요?

서래

건전지처럼 내 잠을 빼 주고 싶네요.

해준

숨을 입으로 쉬어서 그렇다고,

잘 때 코로 숨 쉬게 도와주는 기계를 쓰래요.

그런 기계가 있대요.

('아, 그래요……?' 하듯 한 번 짧게 끄덕이는 서래)

이상해요, 깨 있을 땐 코로 쉬는데…….

스스로 코로 숨 쉬는지 관심을 가지고 숨을 쉬어 보는 해준과 서래, 묘하게 템포가
일치한다.

해준

그렇다고 잘 때 코 곤다는 건 아닙니다.

서래

알아요.

119. 이포 경찰서 앞 (낮)

담배 피우면서 기다리던 연수, 경찰차가 현관 앞에 와 서자 뒷문을 연다. 고개 푹
숙이고 잠든 해준을 보고 놀란다.

연수

팀장님.

코골이 소리 멈춘다. 깨어나는 해준, 돌아보면 옆자리 서래는 말똥말똥. 게슴츠레
한 눈을 하고 연수에게 −

해준

너 여기서 뭐 하냐?

연수가 서래를 향해 턱짓한다. 해준이 수갑 풀고 내려서 차 문을 닫자 클리어 파일에 든 서류를 하나 건네 주는 연수.

연수

스마트워치 녹취록이구요…….

사건 전후로 펜션 근처에서 포착된 차 번호 다 확인하라고 하셨잖습니까.

그중에 임호신한테 사기당한 피해자가 있네요.

근데 이 사람, 폭력 전과 이 범입니다. 어떻게 생각하세요?

120. 화교 묘역 – 공원묘지 (낮)

하관 직전. 묘 안에 낮은 벽돌 벽이 사방으로 쳐졌다. 검은 양복 위에 중국식으로 흰 옷과 흰 두건을 걸친 철성이 쌀을 뿌리고 가짜 지폐와 종이로 만든 저택과 종이 휴대 전화를 태우며 울부짖는다.

철성

(중국어)

전화해, 엄마!

记得给我打电话，妈！

해준과 연수가 뒤에서 지켜본다. 해준에게 귀엣말 –

연수

왼손잡이죠?

121. 신문실 – 이포 경찰서 (밤)

철성과 마주 앉은 연수, 진술을 듣는다. 뒤에서 지켜보는 해준.

철성

이억 칠천, 우리 엄마가 포장마차 십 년 하다가

겨우 중국집 차려서 하루 열여덟 시간 장사해서 번 돈이에요.

그걸 임호신이한테 맡겼죠. 처음엔 천만 원만 넣었는데

꼬박꼬박 배당해 주니까 신이 나서 전 재산을 넣은 거예요.

그렇게 이 사람 저 사람 돈을 모아 가지고 전국 호텔을 다니면서

도박하고 지 마누라 옷 사 주고 백 사 주고 돈지랄을 했다니까요, 백억을.

우리 엄마는 원래도 당뇨가 있었는데 돈 떼인 거 알고 무너져서

신장에 합병증 왔구요. 치료도 제때 못 받아서 발가락 다 잘랐잖아요.

(울기 시작. 한숨 쉬는 연수)

이혼한 화교 여자가 한국서 혼자 아이 키우고 사는 게

얼마나 좆같은 일인지 알아요?

그런 엄마가 아파서 울부짖다가 돌아가셨는데,

제가 명색이 폭력전과 이 범인데, 응?

제 별명이 왜 철썩인지 아세요? 철썩철썩 싸다구 잘 날려서 철썩인데요,

그런 제가 임호신이 하나 못 죽이면 인간인가요, 아닌가요.

150

해준

송서래 아십니까?

철성

(눈물 훔치면서도 으스대며)

그 여자는 나를 무서워하죠.

해준

송서래가 죽여 달라고 시킨 거 아닙니까?

철성

(껄껄 웃고)

누가 시킨다고 일하는 사람 아니구요……. 송서래가 늘 도움은 됐죠.

갠 잘 모를 거예요, 어디로 도망가든 왜 나한테서 못 벗어나는지.

(자기 휴대 전화의 위치 추적 앱을 보여 주며 또 잘난 척)

폰에 위치 추적 앱을 깔아 놨거든요.

연수, 깨끗하게 닦인 수영장과 시신의 사진을 내밀어 보여 준다. 보자마자 불쾌한 듯 얼굴 찌푸리는 철성.

철성

어우~ 왜 이렇게 앉혀 놨어요?

무섭다…….

연수, '아 예 그러셔요……?' 표정으로 빤히 보다가 느닷없이 −

연수

야 이 개버러지 새끼야, 내가 호구로 보이냐?

122. 해준 차 안 – 도로 (밤)

카 스테레오로 말러 들으면서 안갯길을 운전하는 해준, 심란한 얼굴. 조수석에 앉은 연수, 눈치를 살피면서 조심스럽게 –

연수

아시죠? 철썩이 떠 보려고 일부러 윽박지른 거.

해준

욕은 하지 마라, 나하고 계속 일하고 싶으면.

연수

옙. 범인 나왔으니까 송서래 씬 이제 귀가시켜야겠죠?

(홱 돌아보는 해준)

그런 생각이 듭니다만…….

입을 꾹 다물고 운전만 하는 해준. 지혁에게 서래 귀가 조치하라고 문자하는 연수. 경찰 무전 울린다.

경찰

(소리)

이포교 삼타 마을 회관 방향 절도범 바이마로 매동 중인 풀밭.

종원 바랍니다.

유턴하는 해준. 빠르게 달려가는 차, 안개 속으로 멀어진다.

123. 도로 (밤)

신나게 달려오는 오토바이. 음악 계속. 길을 막고 선 차를 안개 때문에 뒤늦게 발견하고 급정거, 넘어진다. 뒤에 앉은 아이가, 안고 있던 커다란 자루 두 개를 놓친다. 해준과 연수가 차에서 내린다. 논두렁으로 도망치는 십대들을 보고 −

연수
지원 요청할까요?

대답 안 하고 쫓는 해준. 십대들 얼마 못 가 우왕좌왕 넘어지고 일어나더니 해준을 향해 돌아선다. 해준도 격투 자세를 잡는다. 억눌렀던 분노와 싸울 의지로 이글거리는 해준, 먼저 달려든다. 재빨리 무릎 꿇는 두 소년. 그들 바로 앞에서 급정거하는 해준, 맥 빠진다. 이때 외침.

연수
팀장님, 걔들 데리고 빨리 좀 와 보세요!

해준, 두 소년을 몰고 뛰어간다. 연수가 뿔뿔이 흩어진 자라들을 잡아 자루에 담고 있다. 모두 달려들어 자라를 잡는다.

연수
큰 놈부터! 승질 좆같으니까 손 조심하…….

말이 채 끝나기도 전에 해준, 손가락을 물린다. 비명.

124. 유치장 – 이포 경찰서 (밤)

철컹, 서래의 유치장 문이 열린다.

125. 거실 – 정안 집 (밤)

숙이고 있던 머리를 드는 정안. 들어서는 해준, 정안을 발견하고 심상치 않은 기색을 느낀다. 음악을 끄는 정안, (이때까지 계속 이어져 온) 말러 교향곡이 뚝 끊긴다. 해준 손에 들린 비닐봉지를 보는 정안. 커다란 자라가 들었다. 멋쩍은 얼굴로 –

해준
도난품 찾아 드렸더니…….

126. 바닷가 (밤)

맘껏 바깥공기를 마시면서 인적 없는 백사장을 거니는 서래, 파도에 쓸려 온 대나무 장대를 주워 지팡이처럼 짚는다. 전화를 꺼내 들고 걸까 말까 망설인다.

127. 거실 – 정안 집 (밤)

해준 앞에 놓인 정안의 휴대 전화. 그 옆에는 호신의 명함, 한껏 폼 잡고 찍힌 호신 사진이 인쇄돼 있다. 정안, 남편 손가락에 붕대가 감겨 있어도 관심 없고 –

정안
내 남편하고 아는 여자의 남편이 한밤중에 부재중 전화를
두 통이나 걸었다면…….
잘못 걸었나? 처음 본 유부녀한테 실없이 작업을 거나?
가볍게 넘어갈 수도 있겠지만, 얼마 안 돼서 그 남자가 살해당했다면?

전화 진동. 발신자 이름을 힐끗 확인하고 안 받는 해준. 남편의 표정이 어색하게 굳었지만 정안은 역시 관심 없다.

정안
이유는 한 가지 같아,
이 남자가 당신하고 그 여자에 관해 나한테 할 말이 있었다.
(입 꾹 다무는 해준을 잠시 바라보다)
혹시 니가 죽였냐?
(헛웃음 짓는 해준. 그러나 정안은 심각하다)
둘이 같이 죽였냐?

128. 바닷가 (밤)

쓸쓸히 전화 끊는 서래.

129. 원자력 발전소 주차장 (낮)

관광버스에서 맨 먼저 내리는 서래, 〈적색비상〉의 주인공 지민처럼 색 있는 가발을 썼다. 따라 내린 중국인 관광객들, 원자로를 가리키면서 탄성. 출근길에 이들을 발견한 정안, 째려본다.

130. 강력팀 사무실 – 경찰서 (낮)

초췌한 몰골로 출근하는 해준, 연수의 책상에 명함을 올려놓는다.

> **해준**
> 임호신 대포폰 번호야, 사망 당일 위치 추적해.

131. 원자력 발전소 주차장 (낮)

> **서래**
> (중국어로)
> ……직선과 곡선의 대비를 특징으로 하는 건축인데요,

저 높고 단단한 콘크리트 덩어리가 낮고 늘 변화하는 바다와,

그리고 덧없는 안개와 또다시 대비를 이루는 겁니다.

〈적색비상〉 역시, 극히 위험한 시설인 원자력 발전소와 거기서 피어난

사랑이라는 극명한 대조를…….

这是一座以直线和曲线对比为特征的建筑。

那高耸而坚固的混凝土结构不但和水平面低,

变化莫测的大海形成对比,

还和隐约缥缈, 转瞬即散的雾气也形成对比。

《红色警报》也正是将极其危险的核电站设施和

在那里绽放的爱情这一鲜明的对比…….。

관광객들에게 설명을 하면서 반대 방향으로 몸을 돌리는 서래. 사람들, 일제히 그
쪽으로 몸 돌린다.

132. 강력팀 사무실 - 경찰서 (낮)

회전의자에 앉은 채 몸을 홱 돌리는 해준, 옆 책상으로 간다. 연수의 컴퓨터 모니터
를 들여다본다.

연수

오전 열 시쯤 전원이 꺼지고요, 살해될 무렵 켜졌다가 금방 다시 꺼져요.

(지도를 가리키며)

그 잠깐 켜진 데가 바로 해녀불턱입니다.

133. 해녀불턱 (낮)

바위 끝에서 바다를 향해 선 연수, 큰 소리로 −

연수
주인이 집에서 죽는 동안에 왜 전화기가 여기 와서
켜졌다 꺼졌다 했을까요?

민박집 목격자가 찍은 사진 속 서래를 흉내 낸답시고 또 오른팔을 천천히 올리다
가 중간에 멈춘다. 멀찍이, 목격자가 섰던 위치에 서서 사진과 비교하는 해준. 연수
는 서래와 어딘가 다르다.

해준
팔 더 들고 손 조금 올려 봐……. 아니, 손목을 꺾어서.

어떻게 해도 다르다. 해준, 갸우뚱. "에이, 팔 아퍼." 오른팔을 풍차처럼 휘두르며
근육을 푸는 연수. 해준 눈이 번쩍.

해준
스톱!

뒤로 크게 돌렸던 팔을 앞으로 휘두르다가 딱 멈추는 연수, 서래의 것과 비슷한 자
세가 된다. 서둘러 연수 가까이 가는 해준.

해준

던졌네……. 잠수부 불러서 수색하자.

(연수가 팔을 내리며 기막혀 하는 표정으로 돌아보자)

저기가 깊어?

연수

(참다 참다 폭발)

정신 차리세요. 우리, 범인 잡았습니다! 증거도 있고 자백도 받았고!

다만 피해자 부인이 왜 피해자의 폰을 버렸는지

그 의문 하나가 남은 건데 말입니다.

그거 알아내자고 세금을 씁니까? 제발 그 여자한테 그만 집착하십쇼.

불쌍하지도 않으세요?

혹시 중국 사람한테 무슨 편견 가지신 거 아닙니까?

파도가 철썩, 꿀 먹은 벙어리 된 해준의 얼굴에 물 튄다.

134. 해준 차 안 – 펜션 주차장 (밤)

해준 차, 도착한다. 서류 가방에서 클리어 파일을 꺼내는 해준, 서래의 스마트워치 녹취록을 읽는다. 날짜와 시각을 표시한 숫자 옆에 적힌 중국어 원문, 또 그 옆에 번역문. 화재 경보 울린 날에 녹음한 말 – '구두 신었네? 얼굴이 좀 탔다, 수염이 보이고. 아침저녁으로 면도하던 사람이…… 게을러진 걸까? 힘이 없어 보이네…… 나를 못 만나서?' 그 다음에 '웃음'이라고 적혔다. 이 닦는 호신을 보며 담배 피울 때 한 말도 있다. '그 이상한 중국 음식 만들 때 내가 옆에서 담배를 피웠는데. 쟤는 담배 연기도 못 참아 주면서 맨날 말로만 사랑은 무슨…… 그가 날 훔쳐본 밤들도 생각나. 믿음직스러운 남자가 잠 안 자고 지켜 주는 기분이 들었지.' 이 두 상황 외에도 —

135. 펜션 앞 바닷가 (낮) – 회상

바다를 향해 선 서래. 습기 때문에 얼굴에 달라붙은 머리카락 너머로 눈물. 뒤로 멀리 펜션이 보인다. 호신의 시신이 발견되어 출동한 해준이 서래를 만나러 바위를 건너오고 있다. 그동안 그녀는 스마트워치에 대고 중국어로 말한다.

서래

그가 온다. 오자마자, 이러려고 이포에 왔냐고 물을 텐데 뭐라고 하지?

송서래, 왜 자꾸 눈물이 나고 난리야, 젠장.

답을 말해야 하나? 이미 그는 알지 않을까? 묻지 않을지도 몰라.

他来了。肯定一来就问我是为了这么干才来梨浦的吗?

我该怎么说呢? 宋瑞莱，哭什么呀，嗯? …妈的!

告诉他答案吗? 算了吧，也许他已经知道了吧?

也许他连问都不会问我。

해준이 도착한다. 지혁에게 가 보라고 손짓하는 해준, 서래가 돌아보자 —

해준

이럴려구 이포에 왔어요?

160

136. 펜션 앞 (밤)

녹취록을 놓고 하차하면서 전화 거는 해준, 굳은 결심이라도 한 양 성큼성큼 걷는다. 서래가 받는다.

서래

(소리)

해준 씨.

해준

이제 남의 전화만 보면 다 바다에 던지고 싶어요?

(거칠게 초인종을 누르며)

그 전화에 뭐 들었어요? 대답해요!

(문을 쾅쾅 두드리며)

문 열어요, 빨리!

서래

(소리)

저, 거기 없는데요.

정신이 번쩍 들어 한 발 물러서는 해준, 안을 들여다본다. 불 꺼졌고 인적 없다.

해준

그럼 어딘데요?

서래

(소리)

호미산.

137. 해준 차 안 – 원자력 발전소 인근 해안 도로 (밤)

묵직하고 불길한 발전기 소음. 바닷가의 안개와 어둠 속에 선 원자력 발전소 앞을 지나 달려가는 해준의 자동차. 안개를 뚫고 과속, 아슬아슬. 충혈된 눈, 바짝 마른 입술을 꾹 다물고 운전하는 해준. 두 사람이 나눈 전화 통화가 보이스 오버된다. 순서가 뒤죽박죽 섞여, 해준의 다급하고 현실적인 질문에 서래가 몽롱한 목소리로 동문서답하는 것처럼 들린다.

> **해준**
> (소리)
> 임호신 전화기에 뭐가 들었길래 바다에 버렸어요?

> **서래**
> (소리)
> 조금만 더 참아요.

> **해준**
> (소리)
> 임호신이 내 아내한테 왜 전화했어요?

> **서래**
> (소리)
> 졸지 말아요……. 조금만 더 참아요.
> 여기는 안개 없어요.

해준의 시야로, 안개가 옅어지더니 눈발이 비치기 시작한다.

138. 호미산 앞 주차장 (밤)

바람에 실리지 않고 천천히 떨어지는 눈, 이포와는 달리 사물이 선명하게 보이는 맑은 공기. 서래 차 뒤에 주차하는 해준, 내린다. 차 옆에 서서 담배 피우던 서래가 꽁초를 버리고 발로 비벼 끈다. 중국 시절 머리와 비슷한 단발 가발을 썼다.

139. 호미산 (밤)

배낭 메고 올라가는 서래, 헤드랜턴까지 준비했다. 손전등 들고 따르는 해준, 서래 걸음이 이상하리만큼 빨라 애를 먹는다.

해준

(소리)

솔직하게 말해 줘요.

임호신이 정안이하고 통화하려고 한 거 서래 씨도 알았죠?

서래

(소리)

산 좋아하는 우리 엄마는 자주 말했어요, 내가 속상할 때마다.

"한국 가면 네 산이 있다."

나무뿌리를 붙잡고 미끄러운 바위를 사뿐히 오르는 서래, 돌아서 손을 내민다. 해준을 당겨 주고 다시 앞서 걷는다.

서래

(소리. 중국어로)

"한국 가면 네 산이 있다."

"去韩国的话，你有一座山。"

(소리. 한국어로)

누가 뭐래도 내 맘속에선 호미산은 내 산이에요.

보이스 오버 대화 끝. 잠시 후 –

산중턱 좁은 평지의 한가운데 바위에 털썩 앉는 서래, 배낭에서 골호를 꺼내 꼭 껴
안는다.

서래

(골호를 향해, 중국어로)

엄마, 외할아버지……. 그동안 너무 무거웠어요.

妈妈，姥爷……。一直带着你们，实在太重了。

(가발을 벗으며)

이제 못 들고 다니겠네.

现在我再也背不动了。

(머리핀들을 뽑으며)

믿음직한 남자 데려왔어.

今天我带了个可靠的男人来。

(해준에게 평지의 끝을 가리키며 항아리를 내민다. 한국어로)

뿌려 주세요. 난 고소공포가 있잖아요.

해준, 움직이지 않는다. 섭섭하지만 하는 수 없다고 생각하는 서래, 골호를 내려놓더니 대뜸 —

서래
나는 왜 그런 남자들하고 결혼할까요?
······해준 씨 같은 바람직한 남자들은 나랑 결혼해 주지 않으니까.
('바람직한' 대목에서 어처구니없어 픽 웃을 수밖에 없는 해준)
얼굴 보고 한마디라도 하려면 살인 사건 정도는 일어나야 하죠.

해준
(화가 치밀어)
지금 농담할 땝니까?

일어서는 서래, 중국어로 말한다. 자조적인 표정은 사라지고 진지해졌다. 이번에는 통역기 앱의 여자 목소리를 선택했다.

여자 성우
농담 안 할 테니까 해준 씨도 솔직히 대답해 주시기 바랍니다.
(긴장하는 해준)
날 떠난 다음 스스로 불행하다고 느끼지 않으셨습니까?
아마 살아있는 느낌이 아니었을 것이라 짐작이 됩니다.
(경직되는 해준)
당신은 내내 편하게 잠을 한숨도 못 잤죠?
억지로 눈을 감아도 자꾸만 내가 보였죠?
(움찔하는 해준을 향해 한 걸음 다가오는 서래)
당신은 그렇지 않았습니까?

(해준을 보는 간절한 서래의 눈빛)

그날 밤 시장에서 우연히 나와 만났을 때, 당신은 다시 사는 것 같았죠?

마침내.

(서래, 해준의 뺨에 손을 댄다)

이제 내 손도 충분히 부드럽지요?

해준, 서래의 손을 감싼다. 감정이 주체가 안 되니까 막 눈물이 나려고 한다.

해준

지난 사백이 일 동안 당신을…….

(갑자기 중단, 심호흡 몇 번 하면서 마음을 고쳐먹고)

……그렇다고 해서, 난 경찰이고 당신이 피의자란 사실이

변하는 건 아니에요.

(필사적인 의지로 서래의 손을 제 얼굴에서 떼어 낸다)

피의자, 알죠? 경찰한테 의심받는 사람.

서래

나 그거 좋아요.

편하게 대해 주세요, 늘 하던 대로…… 피의자로.

해맑은 서래 표정에 당황하는 해준, 굳었던 결심이 도로 무너지려 한다.

해준

내가 서래 씨 왜 좋아하는지 궁금하죠? 아니, 안 궁금하댔나?

그래도 말하겠습니다.

서래 씨는요 몸이 꼿꼿해요,

긴장하지 않으면서 그렇게 똑바른 사람은 드물어요.
난 그게 서래 씨에 관해 많은 걸 말해 준다고 생각합니다.

서래 눈에 웃음기가 어린다. 말해 놓고 금세 후회하는 해준, 제 발로 가 골호를 집어 들더니 안을 본다.

해준
여기 있던 펜타닐 네 알 어쨌습니까.

눈빛을 보고 답 듣기를 포기하는 해준, 절벽 끝에 가 선다. 뼛가루를 뿌린다. 눈송이들 사이로 반짝이며 날아가는 입자들을 바라보는 서래. 해준, 항아리를 기울여 털어 내다가 아래를 본다. 아찔하다. 서래, 해준에게 다가간다. 발소리 듣는 해준, 죽음을 각오한다. 양팔을 내미는 서래. 눈 감는 해준. 그러나 서래, 뒤에서 꼭 안는다. 안도하는 해준, 체온을 느낀다. 제 주머니에서 뭔가를 꺼내 내미는 서래, 헤드랜턴으로 비춰 준다. 이해동 할머니의 전화다. 해준, 기겁해 돌아본다.

해준
버리라고 했잖아요!

서래
이걸로 재수사해요. '붕괴' 이전으로 돌아가요.

자기가 진정으로 그것을 원하는지 몰라 말 못 하는 해준. 서래, 그의 옷 주머니에서 립밤을 꺼내 바른다. 해준 입술에도.

서래

난 해준 씨의 미결 사건이 되고 싶어서 이포에 갔나 봐요.

다른 주머니에서 브레스민트 통을 꺼내는 서래, 무슨 물건이 어느 주머니에 들었는지 다 안다. 한 알 입에 머금고 해준에게 키스. 꼭 끌어안는 해준. 긴 키스 끝에 갑자기 입술을 떼는 서래.

서래

벽에 내 사진 붙여 놓고, 잠도 못 자고 오로지 내 생각만 해요.

몸도 떼는 서래, 손 들어 인사하더니 총총 내려간다. 흔들흔들 사라지는 헤드랜턴 빛을 바라보다 몸을 돌리는 해준. 절벽 아래로 할머니의 전화기를 던진다. 프리즈 프레임.

140. 마당 − 정안 집 (밤)

주차하는 해준, 지칠 대로 지쳤다. 차에서 내려 좀 걷다가, 여행용 트렁크 두 개를 끌고 집에서 나오는 자기보다 약간 젊고 키는 더 큰 남자와 마주친다. 낯익은 트렁크와 낯선 남자. 남자도 이쪽을 알아본 듯 주춤주춤 걸음이 느려지면서 스쳐 지나간다. 양손에 가방과 비닐봉지 따위를 잔뜩 들고 나오는 정안, 해준을 보고 멈춰 서더니 젊은 남자에게 −

정안
이 주임!

(돌아서서 다가오는 젊은 남자.

정안, 해준에게)

보는 건 첨이지? 이 주임 최근에 이혼했대.

이 주임이 남자라는 사실에 놀라서 멍하니 섰는데 이 주임, 반갑게 손을 내민다.

이주임

이준입니다, 말씀 많이 들었습니다.

꿈꾸는 사람처럼 멍하니 선 해준. 이 주임, 눈치 있게 차로 가면서 비켜 준다. 손가락 관절을 뚝뚝 꺾으면서 마른 길바닥을 두리번거리는 해준, 정안에게 −

해준

여긴 눈 안 왔어?

정안

뭐?

해준

(정안이 든 비닐봉지 속 자라를 보며)

그럼 우리 그 문젠 어떡해?

정안

뭐.

해준

밉고 싫을 때도 매주 하기로 한 거.

정안

좀 비켜 줄래?

141. 침실 (밤)

더블베드에 혼자 누운 해준, 수면 장애 치료기인 양압기의 코 마스크를 써서 기괴
해 보인다. 입으로 숨 못 쉬게 살색 반창고를 세로로 붙인다. 호스를 통해 코에 바
람 들어가는 쉭쉭 소리. 천장 벽지에 핀 곰팡이를 노려보는 해준.

142. 중정 – 이포 경찰서 (낮)

벤치에 누워 일광욕하는 해준, 이어폰으로 말러 교향곡을 듣다가 전화 받는다.

해준

오랜만이네.

수완

(소리)

바쁘세요?

해준

응. 일광욕하느라.

수완

(소리)

헐.

질곡동 사건 이지구 있잖아요? 도망갔는데 어디 숨었을까요?

해준

지구는 왜?

수완

(소리)

살인이요. 오빠피씨방 알바 아가씰 죽였네요.

(해준, 말문이 막힌다)

그때 지구는 사람 못 죽인댔잖아요.

(아직 말문이 막혔다)

근데 죽였네요.

해준

(눈 질끈 감고 애써 차분한 척)

그러네.

수완

(소리)

보고서 보내 드릴게요, 뭐 생각나면 전화 주세요.

전화 끊자 다시 말러. 숨이 가빠 온다. 요동치는 가슴에 손을 얹어 누른다. 알람이 울리자 깜짝 놀라 눈 뜨는 해준. 바로 앞에 뒷짐 지고 서서 내려다보고 있는 연수.

연수

간만에 해 좋죠? 삼십 분 지났습니다.

(이어폰 빼고 일어나 앉는 해준)

해녀 선생님들한테 말씀드렸어요.

전복 따다가 혹시 전화기 보면 꼭 좀 갖다 달라고.

(서류 봉투에서 뻘 흙이 말라붙은 휴대 전화를 꺼내 해준 코앞에 내밀며)

이게 복구가 될까요?

143. 해안 도로변 언덕 / 이포대교 / 펜션 거실 (낮/밤)

바다가 보이는 언덕에 찬 바람 맞고 선 해준, '부활 폰수리센터' 로고가 인쇄된 봉투를 열어 이제 깨끗해진 임호신 폰을 꺼낸다. 켜서 서래와의 대화 창을 연다.

과거. 차가 씽씽 달리는 밤의 다리, 좁은 인도를 걸으며 미친 속도로 문자하는 호신. '이 대박 음성파일 들려주려고 너의ㅋㅋ 해준씨의 마눌아한테 전화했는데 안 받네? ㅠㅜ' '아침엔 받겠쥐?'

과거. 거실 소파에 앉아 문자하는 서래. '지금 중국 사람들하고 이야기 잘되는데 그냥 이대로 망하고 싶어?'

호신. '어짜피 난 곧 죽을 목숨' '철썩 엄마 오래 못 산다니까' '그 새낀 내가 어딜 가든 쪼차오자나' '조아' '모래까지 쭝국놈들 답 못 받아오면' '이 대박 음성파일, 인터넷에 올린다' '경찰이 피의자하고 어떤 작난을 치고 다니는지' '국민의 알 권리 차원에서'

서래. '중국 사람들하고 모레 점심 같이 먹기로 했으니까 아침 10시까진 집에 들어와.'

다시 현재. 하얗게 질린 얼굴로 메시지 읽는 해준, 재빨리 음성 메모함을 확인하는데 파일이 아무것도 없다.

144. 신문실 – 이포 경찰서 (낮)

초조하게 기다리는 해준, 철성이 들어와 맞은편에 앉자마자 묻는다.

해준

어머니 돌아가신 날 아침에 송서래 만났죠?

철성, 놀란다. 해준, 서래가 병원에 들어서는 CCTV 캡쳐된 흑백 사진을 내민다. 서래는 꽃다발을 들었다.

철성

병문안 왔더라구요, 아침 일찍.

145. 입원실 – 병원 (낮) – 회상

빨간 장미 한 다발을 든 서래가 철성에게 말한다. 중국어로 하는데 외화 더빙하는 것처럼 철성의 한국어로 들린다.

철성

(소리)

이렇게 돌아가실 것 같아 마음이 안 좋다고, 같은 중국 사람끼리.

146. 신문실 / 탕비실 - 이포 경찰서 (낮)

해준

무슨 약 같은 거 가져와서 권하지 않던가요? 당뇨에 좋다거나 뭐…….
청록색 캡슐인데.

철성

그거보다, 그 여자가 꼴에 환자를 잘 다루더라구요.
따뜻한 물수건으로 손발 닦아 드리고 여기저기 주물러 대니까
기분이 좋아지셔서
저도 잠깐 아침 먹으러 갔어요.
와 보니까 송서래는 갔고 엄마만 눈 감고 누워 가지고는
어려서 시금치 많이 못 먹인 거 미안하다고
그딴 쓸데없는 소리 써부리다가 자꾸 이상하게 잠 온다고…….
(다시 슬픈 생각이 나는지 눈물 훔치다 말고)
엄마 돌아가신 거랑 송서래가 주물러 준 거랑 무슨 상관이 있어요?

탕비실에서 모니터를 통해 연수가 본 모습. 신문실을 나가는 해준, 곧 이 방 문 열고 들어온다.

해준

송서래 아직 연락 안 돼?

연수

예, 근데요, 철썩이가 지 폰에 위치 추적 앱 깔았다고 하지 않았습니까?

해준

철썩이 폰 어됐냐?

147. 서래 차 안 / 해준 차 안 – 해안 도로 (낮)

해안 도로를 달리는 서래의 자동차. 스피커에 블루투스 연결된 휴대폰이 울린다. 발신자 확인하고 받는다. 저도 모르게 늘어져 있던 상체가 꼿꼿하게 펴지면서 눈에 생기가 돈다.

서래

해준 씨.

해준

임호신 전화 건져서 복구했어요.

(해준의 사무적인 태도에 실망해서 표정이 굳는 서래)

당신 남편을 죽인 건 사철성이죠.

서래

호신 씬 나쁜 일을 너무 했어요.

해준

하지만 사철성 어머닐 죽인 건 당신이에요.

사철성은 자기 어머니가 죽으면 당신 남편을 죽이겠다고 했으니까.

사철성 엄마는 무슨 나쁜 일을 했나요?

(답 없자)

어차피 곧 돌아가실 분인데 뭐가 그렇게 급해서 펜타닐을 먹였어요?

엄청난 속도로 운전하는 해준, 안개 때문에 위험해 보인다. 위치 추적 앱의 지도에
서래의 위치가 깜빡인다.

서래

나한테 고맙다고 하셨어요.

해준

사철성 엄마도, 임호신도 다 나 때문에 죽은 거죠?
(초조하게 대답을 기다려 보지만 소득이 없자)
임호신이 뿌리겠다고 한 음성 파일이 뭐예요?

서래

그건 걱정 말아요.

해준

걱정돼서 하는 소리가 아니잖아요!
서래 씨도 그 파일 갖고 있죠? 말해요, 무슨 녹음이에요?

서래

당신 목소리요, 나한테 사랑한다고 하는.

해준

내가요?

서래

너무 좋아서 자꾸 들었어요. 그걸 남편이 알아 버렸어요.

해안 도로변에 주차하는 서래.

해준

내가 언제 사랑한다고 했어요?

서래

(쓴웃음 지으며 중국어로)

날 사랑한다고 말하는 순간 당신의 사랑이 끝났고
당신의 사랑이 끝나는 순간 내 사랑이 시작됐죠.
你说爱我的瞬间，你的爱就结束了。
你的爱结束的瞬间，我的爱就开始了啊。

해준

뭐라고요? 한국말로 해 줘요.

서래

(울음 터질까 봐 이를 악문다. 이미 눈물이 가득 찼다)

해준 씨……. 임호신 전화, 그거 버려요……. 깊은 바다에 버려요.

해준

내가 언제 당신을 사랑한다고 그랬…….

서래가 차 시동을 끄자, 해준이 말하고 있는데 블루투스 연결이 뚝 끊긴다. 전화기를 두고 내리는 서래.

해준, 서래가 대답이 없자 다시 불러 본다.

해준

여보세요? 서래 씨?

전화 끊고 조수석에 던져 버리는 해준.

148. 바닷가 / 해준 차 안 (낮)

녹색 플라스틱 양동이를 든 서래, 바다 가까이 와서 잠시 바라보다 왼쪽으로 간다.
정훈희가 부르는 「안개」가 시작된다.
해안 도로를 질주하는 해준, 앞만 보고 운전한다.
산처럼 생긴 커다란 바위 가운데로 난 계단을 오르는 서래.
해준의 차가 터널로 들어가면서 갑자기 어두워진다.
산 모양 바위에서 내려오는 서래.
해준 차가 터널을 벗어난다.

서래, 또 다른 바위 사이 은밀한 곳으로 들어간다. 모래에 깊이 꽂아 위치 표시해
둔 ― 산책하다 주운 ― 대나무 장대를 쑤욱 뽑아서 버리고 그 자리의 모래를 퍼내
기 시작한다.

불길한 예감에 사로잡혀 운전하는 해준, 위치 추적 앱을 또 본다. 서래의 위치는 어
딘가에 고정되어 있다.
일정한 속도로 꾸준히 모래를 퍼내 큰 구덩이를 만드는 서래. 시각을 확인하더니
쫓기는 사람처럼 더 열심히 판다.

149. 바닷가 도로 (저녁)

해가 많이 기울었다. 도착하는 해준, 버려진 서래 차에서 휴대 전화를 발견하고 낭

패한 얼굴로 주위를 둘러본다. 막막하다. 인공 눈물 한 방울. 서래의 휴대 전화에 '150724'를 입력하자 화면이 열린다. 해준 보란 듯이 바탕 화면에 깔린 앱은 음성 메모가 유일하고, 거기 저장된 파일도 하나뿐이다.

150. 바닷가 (저녁)

깊은 구덩이에 들앉은 서래, 양팔로 무릎을 안았다. 서래의 시점 — 밀물이 들어온다. 주머니에서 작은 녹색병을 꺼내 싸구려 이과두주를 한 모금 마신다.

151. 바닷가 도로 (저녁)

해준, 음성 파일을 재생해 본다. 부산에서 녹음된 소리가 흘러나오자 저도 모르게 움찔한다.

해준

(소리)

사진 태우고…….

(기겁해서 일시 정지를 눌렀다가 심호흡하고 다시 재생)

내가 녹음한 파일들 다 지우고……. 그것도 참 쉬웠겠네요?

좋아하는 '느낌만 좀' 내면 내가 알아서 다 도와주니까?

서래

(소리)

우리 일을 그렇게 말하지 말아요.

152. 바닷가 (저녁)

파도가 가까워진다. 깔고 앉았던 양동이를 옆에 놓고 더 깊이 앉는 서래, 이제 밖에서 머리끝도 안 보인다. 또 술 한 모금.

> **해준**
> (소리)
> 우리 일, 무슨 일이요?

153. 고급 레지던스 호텔 (밤) – 회상

(구덩이에서와 똑같이) 양팔로 무릎을 안고 소파에 앉은 서래, 스마트폰에서 재생되는 녹음 파일을 듣는다. 철성에게 맞아 멍든 얼굴에 엉클어진 머리. '시마스시' 도시락의 뚜껑을 열어 놓았지만 한 점도 안 먹고 해준 목소리에 취해 있다.

> **해준**
> (소리)
> 내가 당신 집 앞에서 밤마다 서성인 일이요?
> 당신 숨소리를 들으면서 깊이 잠든 일이요?
> 당신을 끌어안고 행복하다고 속삭인 일이요?
> 내가 품위 있댔죠? 품위가 어디서 나오는 줄 알아요?
> 자부심이에요. 난 자부심 있는 경찰이었어요. 그런데 여자에 미쳐서…….

재빨리 듣기 싫은 부분 건너뛰고 듣고 싶은 부분으로 바로 간다. 고개 푹 숙이고 눈은 감고 전화기는 귀에 바짝 대고 듣는다.

해준

(소리)

……저 폰은 바다에 버려요, 깊은 데 빠뜨려서 아무도 못 찾게 해요.

눈 뜨는 서래, 반복 재생. 해준의 "저 폰은……." 을 다시 들으면서 −

해준/서래

……바다에 버려요, 깊은 데 빠뜨려서 아무도 못 찾게 해요.

고개 드는 서래, 물기로 그렁그렁한 눈으로 −

서래

(중국어로)

바다에 버려요, 깊은 데 빠뜨려서 아무도 못 찾게 해요.

扔进海里吧。扔到很深很深的地方，谁也找不到。

서래, 허공의 높은 데를 보며 미소 짓는다.

154. 바닷가 (저녁)

파도가 밀려와 구덩이에 물을 쏟고 간다. 웅크린 서래가 젖는다.
도로에서 이어진 모래 위 발자국을 따라 바다 가까이 내려오는 해준, 서래가 바다

를 바라보던 자리에 선다. 그새 물이 더 들어와서 발자국을 지웠다. 서래가 방향을
틀었는지 바다로 들어갔는지 알 수가 없다. 해준, 오른쪽을 선택하고 간다.

해준
서래 씨! 서래 씨!

파도가 밀려와 구덩이를 쓸고 지나간다. 양동이로 퍼 올려 쌓아 놓은 모래 더미를
끌고 가면서 구덩이를 덮는다. 구덩이에 거의 들어찬 모래 위에서 바닷물이 작은
소용돌이를 일으킨다.
바닷가를 뛰어다니며 서래를 찾는 해준. 해안 도로로 다시 올라가 찾다가 또 내려
온다.
서래 있던 자리는 이제 평평해졌다. 구덩이는 흔적도 없다.
연수에게 전화 걸면서 서래가 묻힌 데까지 오는 해준, 우왕좌왕하며 안절부절 여
기저기 휙휙 둘러본다. 가까워진 물결, 젖은 바위, 물에 잠긴 모래, 물에 뜬 채 멀어
지는 대나무 장대.

해준
······송서래 긴급 수배해, 여기 삼일주유소 앞 해안 도로.
······응, 데려올 수 있는 애들 다 데리고 와······. 차 버리고 없어졌어.
······빨리 찾으면 찾을 수 있어, 멀리 못 갔어.
(좀 듣다가 버럭)
질문할 시간에 빨리 오라고, 좀 있으면 아무것도 안 보인다고!

너무 흥분했다고 생각한 해준, 급히 끊는다. (서래 위에) 우두커니 선 해준, 운동화
가 물에 다 잠겼다. 한 발은 끈까지 풀렸다. 서래 전화기로 음성 파일을 다시 재생

하는 해준. 고개 푹 숙이고 눈은 감고 전화기는 귀에 바짝 대고 듣는다.

해준
(소리)

……여자에 미쳐서 수사를 망쳤죠. 나는요…… 완전히 붕괴됐어요.
할머니 폰 바꿔 드렸어요, 같은 기종으로. 전혀 모르고 계세요.
저 폰은 바다에 버려요, 깊은 데 빠뜨려서 아무도 못 찾게 해요.

재생 종료. 눈 뜨는 해준, 사랑 고백하듯 소리 내어 따라 말해 본다.

해준
저 폰은 바다에 버려요.

고개 들어 허공의 높은 데를 본다. 마침내 '이제 알겠다' 표정. 풀린 신발 끈을 묶고
다시 힘내 뛰며 소리친다.

해준
서래 씨!

해 지는 바다에 내려앉는 안개가 멀어지는 해준의 뒷모습을 감싼다. 트윈폴리오의
「안개」 시작.

끝